Estudios del evangelismo—preparando a la iglesia
para que se lleve el evangelio a todo el mundo

EVANGELISMO
Energizando y Equipando a la Iglesia

Taller y lecciones para
En pos de la verdad

Bob Young

*Se incluyen apuntes del taller
y 10 estudios bíblicos*

James Kay Publishing

Tulsa, Oklahoma

EVANGELISMO:
Energizando y equipando a la iglesia
Taller y lecciones para *En pos de la verdad*
ISBN 978-1-943245-50-5
Segunda Edición

www.bobyoungresources.com

www.jameskaypublishing.com
e-mail: sales@jameskaypublishing.com

© 2019 Bob Young
Diseño de portada por Bob y Jan Young
Foto del autor por Jan Young

2.1
Todos los derechos reservados.
Ninguna parte de este libro puede ser reproducida
en ninguna forma o por cualquier medio
- con la excepción de reseñas y citas breves -
sin permiso por escrito del autor.

CONTENIDO

PRIMERA PARTE

Introducción 1

Textos bíblicos del evangelismo 5

Como vencer el miedo 6

La vida espiritual del maestro 7

¿Por qué se pierden tantos? 8

Como hacer preguntas: dos tipos de preguntas 9

Como desarrollar interés 13

La percepción evangelista 17

El aprendizaje de descubrimiento 19

Preparándose para el primer estudio 25

Como guiar el estudio 27

Apéndice A - Como introducir el estudio 29

Apéndice B - Razonamiento deductivo o inductivo 33

SEGUNDA PARTE

En Pos de la Verdad—Introducción 38

Lección #1 39

Lección #2 45

Lección #3 51

Lección #4 57

Lección #5 63

Lección #6 69

Lección #7 75

Lección #8 81

TERCERA PARTE

Estudio especial—El Espíritu Santo 89

Estudio especial—Cuando venga Jesús 95

Como programar un taller del evangelismo 100

PRIMERA PARTE

TALLER DEL EVANGELISMO

Introducción

Cómo utilizar *En pos de la verdad* en un estudio bíblico para el evangelismo

¡Importante!

¡Estas lecciones no están diseñadas para ser distribuidas como folletos o volantes! Estas son guías de estudio diseñadas para ser utilizadas por un maestro que está compartiendo el evangelio con un estudiante. Después del seminario, cada participante en el seminario tendrá la capacidad de enseñar las lecciones y compartir el evangelio.

En el seminario, aprenderá como compartir su propia fe. El seminario se enfoca en las lecciones, *En pos de la verdad*, pero los principios que va a ganar pueden aplicarse más generalmente. Es decir, no importa el método de evangelismo que usted prefiera, este seminario le proporcionará ayuda.

En este seminario, aprenderá lo siguiente:

Como desarrollar interés
No sirve nada el estudio bíblico con cualquiera persona que no tenga interés. Por eso, es preciso el chequeo y el desarrollo de interés. El interés se desarrolla por mostrar una conexión personal entre el prospecto y el estudio bíblico.

En las lecciones, *En pos de la verdad*, se puede utilizar la primera lección para desarrollar interés y establecer el estudio.

Muestra una copia de la lección #1. ¿Cuál de estas preguntas es la más interesante para usted? ¿Le gustaría saber lo que dice la Biblia al respecto? ¿Cuándo podemos estudiar esa pregunta?

Como percibir la condición del corazón

El evangelista que desea desarrollar el interés tiene que evaluar y entender el corazón del prospecto. Considere los "suelos" de la parábola de Jesús para discernir cómo y cuándo desarrollar el interés.

Como manejar el estudio

Estudie con 1-2 estudiantes a la vez.

El estudiante debe leer el texto de la Biblia y luego responder a las preguntas.

Si la respuesta es incorrecta, el evangelista no diga nada. Permita que el estudiante hable primero. [Alternativa: ¿le gustaría leer el pasaje de nuevo?]

Si la respuesta es correcta, refuerce la respuesta correcta, por ejemplo, "eso es correcto."

Con dos o más estudiantes, hay que averiguar el acuerdo de todos.

Como hacer preguntas

El hacer preguntas es tanto un don como un arte que se puede aprender y desarrollar. Hay dos tipos de preguntas que llevan a dos tipos de respuestas.

Hay varios motivos de hacer preguntas, es decir, el maestro tiene bien claro en su mente el propósito de la pregunta, y usa la pregunta que corresponde al propósito.

Cómo responder a las respuestas de los estudiantes

Hay dos tipos de respuestas; hay dos tipos de preguntas correspondientes.

Las preguntas cerradas se utilizan para ....
(Pregunta cerrada = se puede responder sí o no)
• Comprobar la comprensión [¿Es eso lo que dice el versículo? ¿Es eso lo que usted entendía antes?]
• Establecer datos o hechos
• Sacar conclusiones o entendimientos
• Ganar aceptación mental o compromiso [¿Es lo que usted cree?]

<u>Las preguntas abiertas</u> se utilizan para ....
(<u>Pregunta abierta</u> = no se puede responder sí o no)
• Chequear acuerdo [¿Por qué dices eso? ¿Cuál parte del verso te hace pensar eso?]
• Ganar aceptación emocional [¿Cómo se siente acerca de ...?]
• Desarrollar tristeza [¿Cómo se siente acerca de sus pecados?]
• Averiguar entendimiento [¿Cuáles preguntas tiene usted al respecto?]
• Explorar la aplicación práctica [¿Cómo puede ponerlo en práctica en su vida?]

<u>El evangelista debe estar preparado para dar buenos ejemplos bíblicos de las enseñanzas.</u>

Sea especialmente consciente de las preguntas subrayadas. Al comenzar cada nueva lección (#2 en adelante), verifique con el estudiante las áreas problemáticas de las lecciones anteriores. Esto puede hacerse con las preguntas de repaso.

Textos bíblicos
¡Despiértate!

Y Jesús recorría todas las ciudades y aldeas, enseñando en las sinagogas de ellos, proclamando el evangelio del reino y sanando toda enfermedad y toda dolencia.
Y viendo las multitudes, tuvo compasión de ellas, porque estaban angustiadas y abatidas como ovejas que no tienen pastor.
Entonces dijo a sus discípulos: La mies es mucha, pero los obreros pocos.
Por tanto, rogad al Señor de la mies que envíe obreros a su mies. (Mateo 9.35-38)

Y todo esto proviene de Dios, quien nos reconcilió consigo mismo por Jesucristo; y nos dio el ministerio de la reconciliación.
De manera que Dios estaba en Cristo reconciliando consigo al mundo, no imputándole sus pecados, y nos encomendó a nosotros la palabra de la reconciliación.
Así que, somos embajadores de Cristo, como si Dios rogase por medio de nosotros; os rogamos en nombre de Cristo: Reconciliaos con Dios. (2 Cor. 5.18-20)

...a fin de perfeccionar a los santos para la obra del ministerio, para la edificación del cuerpo de Cristo;
hasta que todos lleguemos en la unidad de la fe y del conocimiento del Hijo de Dios, a un hombre perfecto, a la medida de la estatura de la plenitud de Cristo. (Ef. 4.12-13)

Como vencer el miedo

Miedo (español)	=	FEAR (inglés)
Mirar		Falsa
Imaginaria		Evidencia
Evidencia		Aparece
Deteniéndose		Real
Obra		

Tener miedo es normal, pero permitir que el miedo nos impida de hacer lo que es bueno no es normal.

Véase 2 Timoteo 1.7; Proverbios 22.13, 26.13.

Para ganar la victoria sobre el miedo: enfréntelo y haga lo que usted tema.

El temor es una herramienta de Satanás.

Metas: Desarrollando la vida espiritual

Acercaos a Dios, y Él se acercará a vosotros. Limpiad vuestras manos, pecadores; y vosotros de doble ánimo, purificad vuestros corazones. (Santiago 4.8)

Tres metas para cada semana
*Meta personal: acercarse a Dios
*Meta para otros cristianos: ayudarlos a acercarse a Dios
*Meta para los perdidos: ayudarlos a acercarse a Dios

Metas deben ser….
  Realistas
  Alcanzables
  Controlables
  Mensurables

Hay que adoptar metas como…
- Leer la Biblia cada día
- Orar
- Alcanzar a almas perdidas por DI (desarrollar interés)
- Compartir compañerismo en casa (las de nosotros, las de otros)
- Animar a otros cristianos
- Alimentar a los inconversos con la palabra de Dios
- Alimentar a nuevos cristianos con la palabra de Dios

¿Por qué se ahogó el hombre?

Piense en una ilustración—

<u>Instrucción-respuesta</u>
¡Agarre la cuerda!
No
¡Sube la barca!
No
¡Déjeme que le ayude!
No

Se ahogó porque estaba en el agua.

En paralelo, ¿por qué se pierde el pecador?

Preguntas: Abiertas o cerradas

Para manejar bien el estudio bíblico es preciso entender los dos tipos de preguntas. El cristiano puede dirigir el estudio con un buen entendimiento de cómo hacer las preguntas correspondientes a las necesidades de los estudiantes.

Las dos clases de preguntas son preguntas abiertas y preguntas cerradas. Otra manera de categorizar las preguntas es que ellas corresponden a asuntos intelectuales o a asuntos emotivos. Por lo general, las preguntas abiertas corresponden a las emociones—hacer aplicaciones personales, ganar compromiso, y desarrollar tristeza u otras emociones. A la otra mano, por lo general las preguntas cerradas corresponden a la mente—establecer datos, establecer lo que dice la Biblia, sacar conclusiones, y chequear entendimiento.

**Que jamás se olvide un principio importantísimo --
¡La persona que hace preguntas controla la conversación!**

Preguntas abiertas

Definición -- preguntas que no se puede contestar "si" o "no"

Ventajas
~Estimulan pensar
~Animan respuestas
~Provocan sentimientos verdaderos y emotivos
~Provocan verdaderos pensamientos, sentimientos, y actitudes
~Sonsacan actitudes verdaderas

Desventaja
~No sonsacan respuesta factual

Por lo general, las preguntas abiertas se comienzan con el interrogativo, es decir, cuál, por qué, cómo, qué, dónde….

Preguntas abiertas revelan….
Mentes abiertas	mentes cerradas
Corazones abiertos	corazones resistentes
Interés	falta de interés
Necesidades	falta de necesidades*

*o falta de conocimiento de las necesidades

Preguntas abiertas: ejemplos
Cuales preguntas tiene….
Como se siente sobre su pecado….
Como podría poner tal cosa en práctica en su vida…

Escriba ejemplos de preguntas abiertas.
_____
_____
_____
_____
_____

Preguntas cerradas

Definición -- Preguntas que puede contestarse con "si" o "no"

<u>Ventajas</u>
~Provocan respuestas definidas

<u>Desventajas</u>
~Animan conjeturas
~Cortan la discusión
~Reprimen la revelación de sentimientos y pensamientos verdaderos

Preguntas cerradas hacen difícil el descubrimiento de….
Mentes abiertas	mentes cerradas
Corazones abiertos	corazones resistentes
Interés	falta de interés
Necesidades	falta de necesidades*

*o falta conocimiento de las necesidades

Preguntas cerradas: ejemplos
Tiene algunas preguntas….
Se siente triste en cuanto a sus pecados….
Aplica ese verso a su vida…. (nunca usada)

Escriba más ejemplos de preguntas cerradas.
_____
_____
_____
_____
_____

Otros contrastes

Preguntas abiertas revelan "declaraciones significativas"
Declaraciones significativas revelan
    Sentimientos
    Pensamientos
    Actitudes
    Personas abiertas o cerradas
    Abierto o resistente
    Interés o falta de interés
    Necesidad o falta de necesidad (conocimiento)

Preguntas cerradas revelan "declaraciones no significativas"
Declaraciones que revelan hechos, datos completos

DI: El desarrollo de interés

El matrimonio
¿Cual es el propósito de estar de novios?
¿Por qué el joven deseoso de casarse no hace la pregunta a la primera joven que se encuentra?
¿Qué sucederá si lo hace así?
¿Por qué desarrolla primero el novio el interés de la joven antes de hacer la pregunta?

Estudios bíblicos
El mismo principio se debe aplicar a la necesidad de desarrollar interés antes de preguntar a alguien para una cita de estudio.
¿Qué sucede cuando pide una cita a un desconocido? "¿Quiere estudiar la Biblia conmigo?" Recuerda la pregunta paralela – "¿Quiere casarse conmigo?"
¿Por qué es preciso el desarrollar interés?

El 95% del tiempo del evangelista o cristiano involucrado en el evangelismo es pasado en DI.
- Buscar almas/personas
- Ver almas/personas
- Encontrar almas/personas
- Desarrollar una relación
- Introducir la posibilidad: tengo algunas preguntas interesantes…
- Chequear interés: **Cuál** de estas son más interesante a usted….
- Chequear entendimiento: **Por qué** es interesante….
- [Piense: ¿Como puede usarse preguntas significativas?]
- Quiére saber **cómo** la Biblia da respuesta a esa pregunta….
- **Cuál** es mejor para nuestro estudio, opción #1 o opción #2….
- Preguntas claves: cuál, por qué, cómo, cuál

DI: Cinco conceptos
Hacer preguntas abiertas
Escuchar cuidadosamente
Identificar con la persona
Compartir beneficios
Mantener alta curiosidad

DI: Como entender e identificar las necesidades de otra persona

La mayoría de personas tiene necesidades que no reconoce. Estas necesidades pueden ser descritas como necesidades no reconocidas.

El propósito de DI (desarrollar interés) es traer necesidades espirituales no reconocidas al conocimiento donde pueden ser reconocidas.

Reconocidas Espirituales	Reconocidas Físicas
Espirituales No reconocidas	Físicas No reconocidas

Al descubrir necesidades físicas, tenemos que tratar a estas de primero.

No quiere decir que tenemos que resolver cada necesidad. Muchas veces, solo necesitamos escuchar.

DI: Como desarrollar interés

Recuerda...
- Identificar las necesidades que una persona tenga, comparta de cómo un estudio de la Biblia será un beneficio o cumplirá esas necesidades.
- Por lo general, quiere mantener alta curiosidad.
- Se puede hacerlo por no dar respuestas a las preguntas, sino mas bien dar aliento a mas preguntas.
- El aprender a deferir las preguntas le ayudará a usted para que usted pueda desarrollar interés y enseñar en una manera eficaz.

La importancia de mantener un alto nivel de interés
- Crear interés
- Aumentar curiosidad
- Manejar preguntas en una manera apropiada
- Reforzar preguntas
- Desarrollar necesidades espirituales (reconocidas o no reconocidas)
- Animar al estudiante para haga preguntas
- Manejar objeciones honestas (necesitan más información)

La percepción evangelista (PE)

El evaluar la condición del corazón de alguien se llama la percepción evangelista.
Lea y estudie el texto de Lucas 8.11-15.
¿Cómo es posible distinguir los diferentes tipos de tierra?

Una persona con buena condición de corazón....
Tiene una mente abierta
Tiene la potencial de cambiar (o cambios actuales)
Menciona cosas específicas
Hace preguntas relevantes
Incluye a si mismo y sus parientes
Comparte dudas, confusión, curiosidad, hostilidad

Una persona con mala condición de corazón....
Tiene una mente cerrada
Niega a cambiar
Usa conversación general
Hace preguntas de clase de curiosidad
Usa parientes como excusa
Depende de sacerdote, predicador, padre/madre, otros

1 Corintios 9.22,23. Aprenda a aceptar a personas en base de lo que son y no de donde están espiritualmente.

Romanos 1.16. El evangelio tiene el poder de cambiar vidas.

Estudie cuidadosamente el texto y contexto siguiente para entender los distintos puntos de vista de varias personas descritas en la historia.

Juan 9.1-38

Verso	Quién vio	Lo que se vio
1	Jesús	el ciego
2	discípulos	Discusión religiosa
8	vecinos	mendigo
13	líderes religiosos	problema religioso
18	padres	problema: no involucrarse

Una comparación: Enseñanza de modo tradicional, aprendizaje de descubrimiento, proceso de comunicación

El modo tradicional de enseñar
- Centrado en el maestro
- Enfocado en compartir datos (deductivo)
- El maestro decide lo qué se enseñará y lo que el estudiante aprenderá
- El maestro enseña por decir, explicar, presentar, mostrar

Aprendizaje de descubrimiento
- Enfocado en el estudiante
- El alumno descubre para aprender (o aprende por descubrir)
- Es un proceso inductivo [véase Apéndice B para entender la diferencia entre el aprendizaje deductivo e inductivo]

En tal proceso, preguntas le sirven al maestro para....
- Evitar argumentos
- Estimular el interés de los alumnos
- Ayudar al estudiante en aplicaciones personales
- Chequear entendimiento
- Alentar aceptación
- Sacar los pensamientos y sentimientos de los estudiantes
- Mantener control

El proceso de comunicación....
- Preguntas abiertas
- Historias e ilustraciones dichas de tercera persona, narrativas (2 Samuel 12.1-7); parábolas
- Analogías, ilustraciones
- Dibujos
- Hacer papeles, inversión de papeles
- Usar paráfrasis

El maestro
1 Corintios 9.19-23
Sea flexible, versátil, ajustable
No se lo diga a los estudiantes nada que pueden descubrir por si mismos.
El hacer preguntas abiertas anima a los estudiantes que hagan preguntas abiertas también.

Preguntas usadas por el maestro
[Se debe aprender el uso de estas seis índoles de preguntas]

[ED] Establecer datos o hechos (cerrada)
Correcta: ¿Era el Verbo Dios?
Incorrecta (abierta): ¿Qué es el Verbo?

[SC] Sacar conclusiones o entendimientos en base de los datos (cerrada)
Correcta: ¿Es Jesús el primogénito, ¿el Verbo, y es el Dios?
Incorrecta (abierta): ¿Quién es el Verbo?

[AP] Aplicaciones personales (abierta)
Correcta: ¿Cómo podría poner en práctica eso verso?
Incorrecta (cerrada): ¿Aplica eso verso a su vida?

[GC] Ganar compromiso (cerrada)
Correcta: ¿Cree eso?
Incorrecta (abierta): ¿Que cree?

[CE] Chequear entendimiento (abierta)
Correcta: ¿Cuáles preguntas tiene?
Incorrecta (cerrada): ¿Tiene algunas preguntas?

[DT] Desarrollar tristeza según Dios (abierta)
Correcta: ¿Cómo se siente acerca de sus pecados?
Incorrecta (cerrada): ¿Se siente mal acerca de sus pecados?

Preguntas a penas usadas o no usadas por el maestro
Preguntas direccionales, preguntas que dirigen (apenas usada, cerrada)
Usted lo cree, ¿verdad?

Preguntas que lo hacen el tonto (nunca usada, cerrada)
¿Lo entiende eso?
¿Es claro?
¿Puede verlo?

Tipos de Aprendizaje
Intelectual
→Nos olvidamos dentro de siete días el 90% de lo que oímos

Emocional
→Lo que usted experimenta, es casi inolvidable

Una persona tiene dos necesidades para aprender: intelectual y emocional
　　　Lucas 10.27, ¿demanda amor una parte del hombre o el hombre entero?
　　　2 Corintios 7.10, ¿es la tristeza según Dios algo intellectual, algo emocional, o los dos?
　　　Lucas 15.18, ¿es el arrepentimiento algo intellectual, algo emocional, o los dos?
　　　Romanos 2.4, la benignidad de Dios nos guía al arrepentimiento, ¿cierto o falso?

Objetivos de las preguntas del maestro
Intelectual
　　　Establecer datos (ED)
　　　Sacar conclusiones, entendimientos (SC)
　　　Chequear entendimiento (CE)
Emocional
　　　Aplicaciones personales (AP)
　　　Desarrollar tristeza según Dios (DT)
　　　Ganar compromiso (GC)

Preguntas de los estudiantes
Cinco tipos de preguntas que debe recordarse
- Encargada (EN)
- Prematura, acerca de cosas que serán una parte del estudio futuro de EPDLV (PM)
- Curiosidad, sin impacto en la salvación (CR)
- Irrelevante, acerca de cosas no incluidas en EPDLV (IR)
- Relevante, acerca de la cosa siendo estudiado en aquel momento (RL)

[El proceso normal es que el maestro refuerza y tardea los cuatro primeros, y que el maestro refuerza el ultimo y lo trata en el fin de la lección presente.]

Repaso
ED _____
SC _____
CE _____
AP _____
DT _____
GC _____
EN _____
PM _____
IR _____
RL _____

Manejando respuestas incorrectas
Silencio
Leamos el texto de nuevo
Leamos la pregunta de nuevo
Cuál parte del texto da esa respuesta

Cinco objetivos del maestro
El estudiante descubre
El estudiante entiende
El estudiante acepta
El estudiante aplica las Escrituras
El estudiante se compromete

Reforzar para....
    Edificar confianza
    Alentar acciones repetidas

Se debe reforzar
    Respuestas correctas
    Preguntas relevantes
    Cambios de pensamiento y actitud

No refuerce respuestas incorrectas

Preparándose para el primer estudio

Identifique un(a) ayudante y hablen juntos
Si él o ella no ha asistido a un taller de EPDLV, comparta estas instrucciones
- Manténgase en silencio
- Sonría
- Refuerce las enseñanzas por asentir con la cabeza
- Escriba apuntes acerca de asuntos de interés
- Participe en el estudio cuando el maestro indique
- Ayude al maestro con manejar el tiempo

Si él o ella ha asistido a un taller de EPDLV
- Debe escribir apuntes de los comentarios, respuestas, y PM preguntas del estudiante sentado al lado de sí mismo
- Refuerce cambios de pensamiento o actitud
- Escuche para citaciones significativas
- Ayude con mantener el tiempo

Cosas para llevar al estudio
- Biblia
- Extras Biblias
- Concordancia (opcional)
- Diccionario (opcional)
- Lápices
- Copias de las lecciones

Conozca bien la ubicación de la casa, especialmente si llegan después del anochecer

Llegada
- Llegue exactamente a tiempo
- Ore antes de entrar
- Hable con su ayudante sobre la última clase

- Hable de los puntos específicos que debe tocar esta semana
- Llegue a la puerta a tiempo
- Presente su co-maestro
- Verifique quienes participarán en el estudio, saluden a los demás
- Si hay una nueva persona presente, se aproveche la oportunidad de DI a él o a ella
- Tal vez, sea posible que él o ella puede participar en el estudio (depende del progreso del estudio, cuantas lecciones ya han sido estudiado, el número de estudiantes ya involucrados en el estudio, etc.)
- Hable de manera informal antes de empezar el estudio
- Intente conducir el estudio alrededor de una mesa
- Siéntese donde puede observar las cosas escritas por los estudiantes. Es otro motivo de tener un(a) ayudante.
- Tenga otra oración (el maestro debe pedir permiso de dirigir la oración cuando esté en la casa de otra persona).
- Cada persona debe tener su propia copia de la lección. Se pueden estudiar exitosamente las lecciones con varias traducciones estándares.

Como guiar los estudios

En esta sección se encuentran instrucciones generales que se puede aplicar a toda lección (estudios #1-#8).

-1- Dele a cada estudiante una copia de EPDLV (de la lección para ser estudiada esa noche), diciéndoles que es su propia copia y que usted no va a recogerlas o mirarlas. También, el ayudante y el maestro deben tener su propia copia.

-2- "Escriba su nombre en su copia." (El maestro escribirá en su propia copia los nombres de todos los estudiantes.)

-3- A través del estudio, el maestro (y ayudante) escribirán las respuestas de los estudiantes, para que al terminar el estudio, ellos tengan una copia exacta de los papeles de los estudiantes.

-4- En lección #1, el maestro puede leer las preguntas claves para introducir el estudio, puede pedir la ayuda de su ayudante, o puede involucrar los estudiantes. Es importante CE o GC sobre estos seis puntos. También, es probable que el maestro tenga que explicar algunas partes o dar ejemplos. (Apéndice A tiene más instrucciones y detalles en cuanto a cómo usar la introducción.)

-5- Lea las instrucciones en alta voz. Note que las preguntas para generar más conversación son subrayadas.

-6- Es mejor que los estudiantes lean las Escrituras y las preguntas (en alta voz), y que ellos den repuestas (en alta voz).

-7- El maestro refuerza repuestas correctas. Manténgase en silencio cuando se dé una respuesta incorrecta. Espere el estudiante.

-8- Cuando el estudiante dice algo incorrecto (no importa lo dicho), el maestro dice, "Leamos los versículos de nuevo." El estudiante lee el texto—no el maestro.

-9- Cuando el estudiante da respuesta la segunda vez, el maestro dice, "¿Cual parte de la lectura hace que es verdadera o falsa?" o "¿Cual parte del texto le dirige a esa repuesta?"

-10- El maestro tiene que estar listo para dar ejemplos e ilustraciones relacionados a las preguntas del estudio.

-11- En cada parte del estudio, el maestro debe usar preguntas abiertas para CE y AP, y luego usar preguntas cerradas para GC.

Apéndice A
Como usar la introducción al primer estudio

En esta sección se encuentran seis reglas claves para entender la Biblia. El propósito de esta parte del taller es de proporcionar al maestro un entendimiento de la importancia de estos principios en un estudio bíblico.

Cada estudiante debe tener su propia copia del estudio para escribir respuestas. El maestro debe tener una copia específicamente usada por el estudio con cierto(s) estudiante(s). El maestro utiliza la copia para notar preguntas, dudas sobre ciertas repuestas, notaciones personales, recordatorios, etc.

De primero, el estudiante debe escribir su nombre y la iglesia de su preferencia.

-1- ¿Quién está hablando y a quién(-es) se dirige su palabra?

Obviamente, es importante saber quien habla en un texto. Por ejemplo, en Juan 9.31, el hombre ciego habla diciendo que Dios no escucha a pecadores. Se refleja el entendimiento general de los judíos en el primer siglo, pero no es lo que dice la Biblia. Dios escuchó a Cornelio en Hechos 10. Todos nosotros somos pecadores, pero Dios nos escucha. En el texto de Juan 9.31, es importante ver que el ciego habló a los líderes judíos.

En el Antiguo Testamento, Dios habló a los Israelitas, y tenemos que tener cuidado al aplicar las instrucciones del Antiguo Testamento directamente a nosotros el día de hoy. ¿Debemos edificar un tabernáculo, o un templo? ¿Debemos dar sacrificios quemados, o sacrificios de animales?

En el Nuevo Testamento, por ejemplo, en Mateo 23, ¿está hablando Jesús con sus discípulos o los fariseos?

-2- ¿Cuáles situaciones en el contexto podrían afectar el significado de su palabra?

Las cosas a las cuales se refieren en esta pregunta son las del dónde, cuándo, o por qué. ¿Leemos un contexto del Antiguo Testamento o del Nuevo Testamento? ¿Antes de la cruz o después de la cruz? También, tenemos que analizar el porqué del contexto de cualquier pasaje o texto.

-3- ¿Debe uno entender el lenguaje en el sentido literal o en el sentido figurado?

Algunas veces, es obvia la aplicación de este principio. Jesús no es una puerta literal (Juan 10), y también en el mismo pasaje es un pastor figurativamente. Otras veces, es más difícil, especialmente en el género de las profecías o la literatura apocalíptico.

-4- Una verdad parcial puede llevarlo a conclusiones equivocadas. El entendimiento correcto resulta solamente cuando uno toma en cuenta todos los versos que tratan con el tema.

Un ejemplo para aclarar este punto—en base de varios textos (Hebreos 11.6, Juan 3.16, y otros), se puede entender que solo es necesario la fe. Otros textos dicen que también es necesario el arrepentimiento, y la obediencia. La cosa omitida muchas veces es entender completamente la naturaleza de la fe. La fe no es sencillamente el creer (Santiago 2.19). Los demonios creen, pero no tienen fe. En Juan 12.42, dice que algunos creían pero no obedecieron (no confesaron su nombre).

-5- Los textos de la Biblia más difíciles deben ser entendidos en una manera que tenga armonía (estén de acuerdo) con los pasajes menos difíciles.

Juan 5.29 pone en claro el hecho de una sola resurrección (en cierta hora o cierto tiempo). No es difícil entender tal texto. No hay lenguaje de modismos o lenguaje figurativa. Entonces, no es necesario inventar una teoría compleja de dos o tres resurrecciones separadas por mil años. Mateo 24.34 dice que las cosas descritas sucederán en la generación presente. Se puede trazar el uso del concepto de generación en el libro de Mateo y entender el sentido más obvio. Por cierto, Mateo 24 es un pasaje difícil de entender, pero es cierto de que las cosas descritas antes del versículo 34 son acontecimientos de aquel entonces, no de algún tiempo futuro.

-6- El estudio de la Biblia debe hacerse con una mente abierta, no influenciada por opiniones o ideas que uno ya tenía de antemano.

Espero que sea obvia la aplicación de esto. Muchas veces, comenzamos el estudio bíblico con ideas preconcebidas, y tales ideas son barreras a nuestro entendimiento.

Apéndice B
Razonamiento deductivo o inductivo

Hay dos maneras de llegar a una conclusión: el razonamiento deductivo y el razonamiento inductivo.

El razonamiento deductivo funciona a partir de información más general a una conclusión específica. A veces esto se llama un enfoque "de arriba hacia abajo", porque la investigación se inicia en la parte superior con un amplio espectro de información y se abre camino a una conclusión específica. Por ejemplo, un investigador comienza con una teoría acerca de un tema específico. En base a la información general disponible, hipótesis específicas son desarrolladas y probadas. Las hipótesis se agudizan a medida que se recogieron las observaciones para poner a prueba las hipótesis. En última instancia, el investigador pone a prueba las hipótesis con datos específicos, llegar a una conclusión que confirma (o no) la teoría original.

Aquí está un ejemplo de razonamiento deductivo. Recuerde que uno empieza con declaraciones generales y deriva conclusiones específicas. Todos los días, me voy para el trabajo en mi coche a las ocho en punto. Todos los días, conducir al trabajo dura 45 minutos. Llego a tiempo al trabajo. Por lo tanto, si me voy para el trabajo a las ocho de hoy, voy a llegar a tiempo.

La declaración deductiva anterior es una afirmación lógica perfecta, pero depende de que las premisas generales sean correctas. En el ejemplo, un problema es que el tiempo necesario para conducir al trabajo podría ser más de 45 minutos hoy, debido a factores imprevistos. Tal vez haya obras en la carretera y el resultado es que llego tarde.

Esto ilustra el problema con el razonamiento deductivo. Cualquier hipótesis nunca puede ser completamente probada, porque siempre existe la posibilidad de que una o más de las premisas generales a estar equivocada (modificable).

El razonamiento inductivo funciona de la manera opuesta, pasando de las observaciones específicas a generalizaciones y teorías más amplias. Esto a veces se llama un enfoque "de abajo hacia arriba". La investigación comienza con las observaciones y medidas específicas, busca detectar patrones y regularidades, a continuación, formula hipótesis tentativas para ser exploradas, y finalmente desarrolla conclusiones o teorías generales.

Aquí está un ejemplo de razonamiento inductivo. Recuerde que uno empieza con detalles y mueve a las generalizaciones. Hoy en día, me fui a trabajar a las ocho de la mañana y llegué a tiempo. Por lo tanto, cada día que salgo de la casa a las ocho en punto, voy a llegar a tiempo al trabajo. En el ejemplo, tal vez hoy es un día con menos tráfico. Si salgo de la casa a las ocho de la mañana del otro día, tomaría más tiempo y yo llegaría tarde al trabajo. Es ilógico suponer una premisa entera sólo porque un conjunto de datos específico parece sugerirlo.

El razonamiento inductivo requiere un gran número de conjuntos de datos. El problema con el razonamiento inductivo es que el principio general no siempre es correcto debido a un número insuficiente de los conjuntos de datos específicos. La fuerza del razonamiento inductivo es que los principios generales adecuadamente desarrollados, usando un número adecuado de conjuntos de datos, son muy convincentes y de fácil comprensión.

El razonamiento inductivo es de naturaleza exploratoria y más abierta, sobre todo en las primeras etapas. El razonamiento deductivo es más estrecho y por lo general funciona mejor para probar o confirmar hipótesis. Una buena investigación involucra tanto el razonamiento inductivo y el razonamiento deductivo. La relación entre los principios generales y las aplicaciones específicas debe ser constantemente explorada. El movimiento en cualquier dirección (deductivo de movimiento de lo general a lo específico, o inductivo de movimiento de lo específico a lo general) debe ser apoyado suficientemente. Las buenas prácticas de estudio involucran dos tipos de razonamiento, alternando entre la deducción y la inducción.

SEGUNDA PARTE

LECCIONES EVANGELISTAS

"EN POS DE LA VERDAD"

En Pos de La Verdad
Estudios bíblicos fundamentales

Traducido por Pablo Hobbes y Bob Young
Editado por Bob Young

Estudio 1: ¿Quién es Jesucristo?
Estudio 2: ¿Ha sido abolido el imperio de Los Diez Mandamientos para los cristianos hoy en día?
Estudio 3: ¿Viene un Día de Juicio Final?
Estudio 4: ¿Irán todos los cristianos al cielo?
Estudio 5: ¿Debería usted unirse a una iglesia cualquiera?
Estudio 6: Obedeciendo al evangelio: ¿Cuándo debe ser bautizada de nuevo una persona?
Estudio 7: ¿Cuáles son algunos beneficios de ser un discípulo de Jesús?
Estudio 8: ¿Somos salvos por fe o por obras?

Nota: Esta segunda parte del libro es una compilación de los estudios bíblicos evangelísticos. El taller tiene el propósito de equipar a cada cristiano para que él o ella comparta su fe. En este parte del libro, el cristiano puede estudiar las lecciones, dando respuestas para averiguar un buen conocimiento del contenido de los estudios.

El título original de los estudios en inglés era *Fishers of Men* (*Pescadores de Hombres*), después se llamaba *Quest for Truth* (*Buscando la Verdad*).

Ya que los estudios también pueden beneficiar a la mayoría de cristianos en las iglesias, se proporcionan los estudios en esta forma. Se espera que sea útil en clases bíblicas en la congregación local, en grupos celulares, y para estudio personal.

En Pos De La Verdad
Estudio 1:
¿Quién es Jesucristo?

Introducción:
Preguntas claves para reconocer cuando uno estudia la Biblia. En cada libro, cada párrafo de la Biblia...
- ¿Quién está hablando y a quién(-es) se dirige su palabra?
- ¿Cuáles situaciones en el contexto podrían afectar el significado de la palabra?
- ¿Debe uno entender el lenguaje en el sentido literal o en el sentido figurado?
- Una verdad parcial puede llevarlo a conclusiones equivocadas. El entendimiento correcto resulta solamente cuando uno toma en cuenta todos los versos que tratan con el tema.
- Los textos de la Biblia más difíciles deben ser entendidos en una manera que tenga armonía (estén de acuerdo) con los pasajes menos difíciles.
- El estudio de la Biblia debe hacerse con una mente abierta, no influenciada por opiniones o ideas que uno ya tenía de antemano.

Instrucciones:
Lea los versos cuidadosamente y luego escriba o circule la respuesta correcta.
Las preguntas de discusión aparecen subrayadas.

1. Juan 3.16

Sí   No   ¿Envió Dios el Padre a su UNIGÉNITO HIJO (Jesús) a este mundo?

Sí   No   ¿Envió el Padre a Jesús para que usted y yo pudiéramos vivir para siempre?

En una palabra, ¿por qué Dios dio a su ÚNICO HIJO?
_____

Sí   No   ¿Cree usted que Dios le ama?

¿Ama usted a Dios lo suficiente para creer y obedecer lo que Él dice en la Biblia?

Lea 1ª Juan 1.1-5; Juan 1.1-5. ¿Qué dicen estos textos acerca de Jesús?

2. Juan 1.14
   V F Las palabras VERBO, CARNE, y el UNIGENITO todas se refieren a Jesús.
   V F El VERBO (Jesús) se hizo hombre (carne) y vivió entre nosotros.

3. Juan 1.1
   V F En el principio el VERBO (Jesús) era con Dios.
   V F En el principio el VERBO (Jesús) era Dios.
   Sí No   ¿Era Jesús Dios?

4. Juan 5.18 y 10.26-33
   Sí No   ¿Dijo Jesús que Él y Dios el Padre eran uno?
   Sí No   ¿Creyó Jesús que Él era ESPIRITUALMENTE IGUAL a Dios el Padre?
¿Qué piensa usted acerca de esta proclamación de Jesús?

5. Juan 14.23,24
   V F Las palabras de Jesús son las mismas de Dios el Padre.
   Sí No   En lo personal, ¿quiere usted obedecer todo lo que Jesús ordena?
   Sí No   ¿Será posible que usted viva de acuerdo a la palabra de Jesús si usted no la conoce?

6. Juan 14.25,26
   V F Jesús se refiere al Espíritu Santo como "a quien" (una persona), no a "ese" (una cosa).
   V F Ambos, el Espíritu Santo y Jesús fueron enviados por Dios el Padre.
   V F Las palabras del Padre son las mismas palabras del Hijo y fueron dadas a los apóstoles por el Espíritu Santo.

7. Juan 16.13

Jesús dijo que el Espíritu Santo guiaría a los apóstoles a ALGUNA — TODA la verdad.

¿Qué significan para usted las palabras "toda la verdad" en este versículo?

¿En cuales tres maneras Jesús dijo que Dios (el Espíritu Santo) ayudaría a los apóstoles?

* Enseñándoles _____ cosas.

** Recordándoles de _____ que Jesús les enseñado.

***Guiándolos a _____ verdad.

Sí   No   ¿Comete Dios errores?

V   F Dado que Dios mismo guió las Escrituras de la Biblia, esta no puede tener errores o contradicciones.

¿Para ir al cielo, que información necesitamos además de las Escrituras inspiradas (Biblia)?

¿Quién irá al cielo?

8. Mateo 7.13,14

V   F Pocos irán al cielo; muchos no irán.

Sí   No   ¿Entrará usted por la puerta estrecha si sigue usted a la mayoría de la gente?

9. Mateo 7.15

V   F Los falsos maestros (profetas) pueden parecer inocentes, pero ellos son muy peligrosos.

Sí   No   ¿Debe usted creer enseñanzas religiosas que no se encuentran en la Biblia?

10. Mateo 7.21-23

V   F Cualquiera que llama a Jesús "Señor" entrará en el reino de los cielos.

V   F Cualquiera que haga buenas obras en el nombre de Jesús ira al cielo.

V   F Las creencias y las prácticas religiosas de muchos son incorrectas.

11. Mateo 7.26,27
Si una persona oye, pero no obedece las palabras de Jesús él es _____.

¿Que desea Jesús que uno haga con sus palabras? _____

¿Qué piensa usted acerca de hacerle a Jesús el Señor de su vida y obedecer sus palabras?

12. Mateo 10.34-38
V F Seguir a Cristo puede resultar en que las familias se dividan.

Sí No ¿Debe usted seguir a Cristo aunque signifique ser rechazado por miembros de su propia familia?

Sí No Si las creencias religiosas de su familia son diferentes de lo que la Biblia enseña, ¿debe usted rechazar esas creencias?

Sí No ¿Quiere Cristo que usted lo ponga a Él primero en su vida, aún antes de su esposa, padres, o hijos?

¿Cómo siente usted acerca de poner a Cristo antes que a su familia?

13. Gálatas 1.8,9
V F Ni a un ángel del cielo se le permite cambiar las enseñanzas bíblicas.

V F Aquellos que enseñan un "evangelio" contrario al que se encuentra en la Biblia serán condenados.

Sí No Si resulta que su ministro, sacerdote, obispo, papa, o su mejor amigo enseña algo diferente de lo que dice la Biblia, ¿debe usted rechazar esa enseñanza?

¿Cómo puede saber si su predicador o líder religioso está enseñando la verdad o no?

14. 2 Tim. 3.16-17; Apoc. 22.18-19
V F Las Escrituras hacen posible que el hombre de Dios sea perfecto, equipado para toda buena obra.

V F Tenemos el derecho de cambiar la Biblia (por agregar o quitar).

¿Para ir al cielo, que información necesitamos además de las Escrituras inspiradas (Biblia)?

15. Mateo 28.18
¿Quién tiene toda autoridad en los asuntos religiosos hoy día?

_____

Si usted cree que Jesucristo tiene TODA AUTORIDAD en asuntos religiosos hoy día, ¿cómo impacta esto a su vida?

16. Filipenses 2.5-7
V F Antes de que Jesucristo viniera en forma de hombre, Él ya existía en la forma de Dios.
Sí No   ¿Cree usted que Jesucristo es Dios tanto como hombre?
Sí No   ¿Merece Jesucristo su amor, confianza y obediencia?

REPASO Y SUMARIO

V F Porque Dios nos ama a usted y a mí, Él envió a su Hijo (Jesús) a este mundo.

V F Jesús es Dios (pero no Dios el Padre).

V F Jesús tiene toda la autoridad en el cielo y en la tierra hoy día.

V F Después que Jesús dejó la tierra, el Espíritu Santo vino a enseñar a los apóstoles TODAS las cosas.

V F Recordarles TODO lo que Jesús les había enseñado.

V F Guiarles a TODA verdad.

V F Sí podemos confiar que lo que los escritores inspirados escribieron es correcta y completa.

V F Las enseñanzas religiosas que son añadidas y quitadas de la Biblia no se les pueden confiar.

V F Si yo encuentro que algunas de mis creencias o prácticas religiosas son diferentes de lo que enseña la Biblia, yo debo rechazarlas.

V F Mucha gente no irá al cielo.

V F Yo, personalmente, no iré al cielo a menos que aprenda y haga lo que Jesucristo manda.

Sí No   Yo quiero aprender y cumplir TODO lo que Jesús manda.

¿HA SIDO ABOLIDO EL IMPERIO DE LOS DIEZ MANDAMIENTOS?

Estudiaremos esta pregunta en nuestro próximo estudio.

En Pos De La Verdad
Estudio 2:
¿Ha sido abolido el imperio de Los Diez Mandamientos para los cristianos hoy en día?

REPASO DE LA LECCIÓN ANTERIOR
V   F   Es un buen sentimiento saber que Dios me ama.
V   F   Hay que tener cuidado con falsos maestros.
V   F   Jesús es Dios y sólo Él tiene toda potestad.
V   F   Yo deseo que Jesús tenga el control completo sobre mi vida.
Sí   No Si las creencias religiosas de su familia son diferentes de lo que la Biblia enseña, ¿debe usted rechazar esas creencias religiosas?
V   F   Sí estoy listo para aprender más sobre la voluntad de Cristo en este día.

Instrucciones:
Lea los versículos cuidadosamente y luego escriba o circule la respuesta correcta.
Las preguntas de discusión aparecen <u>subrayadas</u>.

1. Juan 1.17
La gracia y la verdad vinieron por medio de _____
La Ley vino por medio de _____

2. Éxodo 34.27,28
¿A quién(-es) estaba el Señor hablando en estos versículos?
_____
Dios hizo este pacto (Los Diez Mandamientos) con Moisés y con la nación de _____
Sí   No   ¿Dicen estos versos que Dios hizo aquel pacto (Los Diez Mandamientos) con los cristianos?

3. Gálatas 3.16-19
La Ley fue dada hasta que la _____ viniera.
La semilla se refiere a _____.
V   F   Dios intentó que la Ley que Él dio a Moisés y a los judíos durara solamente hasta el tiempo de Cristo.

4. Lucas 16.17 y Mateo 5.17,18

V F Jesús vino a cumplir la Ley.

V F Jesús dijo que la Ley no pasaría hasta que todo se hubiera cumplido (llevado a cabo).

V F Hubiera sido más fácil que el cielo y la tierra pasaran que la Ley pasara antes de su tiempo.

Sí No ¿Acaso dijo Jesús que la Ley nunca pasaría?

Sí No ¿Acaso dijo Jesús que la Ley pasaría cuando el cielo y la tierra pasaran?

V F Jesús dijo que la Ley pasaría cuando todo se hubiera cumplido (llevado a cabo), y no antes.

5. Juan 19.28-30

V F Todo se cumplió (llevó a cabo) cuando Jesús murió en la cruz.

V F Así que, la ley pasó (fue quitada) cuando Jesús murió en la cruz.

6. Efesios 2.11-16

V F La ley de mandamientos era una separación (hostilidad/enemistad) entre los judíos y los gentiles.

V F Cuando Jesús dio su carne (cuerpo) y derramó su sangre en la cruz, Él abolió (quitó) la ley de mandamientos que anteriormente había sido una pared entre los judíos y los gentiles.

V F Todos (judíos y gentiles) ahora pueden tener paz uno con otro y con Dios por medio de la muerte de Jesús en la cruz, y no por medio de Los Diez Mandamientos.

7. Romanos 7.1-4

Sí No ¿Le agradaría a Dios que una mujer tuviera dos maridos al mismo tiempo?

Sí No ¿Le agradaría a Dios que un cristiano intentara de vivir bajo la Ley del Antiguo Testamento y el Nuevo Testamento al mismo tiempo?

8. Romanos 7.7

V F La Ley decía —No codiciarás—.

V F —No codiciarás— fue uno de Los Diez Mandamientos (Éxodo 20.17).

V F Así que, la Ley incluye Los Diez Mandamientos.

9. Romanos 7.6
   V   F Los judíos fueron libertados de la Ley (Diez Mandamientos).
   V   F Los cristianos nunca fueron sujetos a la Ley (Diez Mandamientos).
   Sí No   ¿Debemos tratar de obedecer la Ley (incluyendo a Los Diez Mandamientos) los cuales Dios ha abolido (quitado)?
   V   F Si yo sinceramente creo en Dios y me esfuerzo a guardar Los Diez Mandamientos, probablemente iré al cielo cuando muera.
   V   F El imperio de la ley del Antiguo Testamento terminó cuando Jesús murió en la cruz.
   V   F Yo no estoy obligado a obedecer Los Diez Mandamientos los cuales han sido abolidos (quitados).
   ¿Cómo se siente (piensa) usted sobre Los Diez Mandamientos que han sido abolidos?

Lea Gálatas 3.28,29 y Mateo 7.13-14
   Luego describa lo que significa para usted el concepto de dos pactos o testamentos.

10. Hebreos 8.6,7
   V   F Por medio de la obra de Jesús, nosotros (ambos judíos y gentiles) ahora tenemos un mejor pacto (testamento).
   V   F Dios hizo el primer pacto (Antiguo Testamento) con los judíos solamente.
   V   F Si el primer pacto (Antiguo Testamento) hubiera sido perfecto, no hubiera habido necesidad para la venida del segundo pacto (Nuevo Testamento).

11. Hebreos 9.15-17
   V   F Un pacto (testamento) entra en vigor cuando él que lo hizo muera, y no antes.
   V   F Jesús es el Mediador de un nuevo pacto (testamento).
   V   F El Nuevo Testamento entró en vigor cuando Jesús murió en la cruz.
   V   F Solamente bajo el Nuevo Testamento (pacto) está la promesa de una herencia eterna.
   ¿Cómo piensa o cómo se siente usted en recibir la promesa de la vida eterna como una herencia de Jesús?
   Sí No   ¿Puede uno recibir la herencia si uno <u>no</u> cumple con los términos del testamento (pacto)?

V F Para recibir la herencia eterna hecha posible por medio de la muerte de Jesús nosotros debemos obedecer su Nuevo Testamento.

12. Romanos 15.4 y 1ª Corintios 10.1-11

V F Aunque el dominio de la "Ley" ha sido abolido, nosotros todavía podemos aprender más de las cosas de Dios a través de las Escrituras del Antiguo Testamento.

V F Dios desea que aprendamos de la fe y de los errores de aquellos que vivían bajo Los Diez Mandamientos.

V F El desempeño de aquellos nos sirve como ejemplo para nosotros hoy en día.

13. Hechos 17.30-31

Sí No   ¿Dios pasa por alto la ignorancia hoy en día?

V F La resurrección de Jesús de entre los muertos es la prueba de Dios que Él juzgará al mundo por medio de Jesús.

Sí No   ¿Cree usted que Jesús fue resucitado de entre los muertos y que vendrá en el Día del Juicio?

14. 2ª Tesalonicenses 1.7-9

¿Cuál es el castigo para aquellos quienes no conocen a Dios y para aquellos quienes no obedecen el evangelio de Jesucristo?

_____

Sí No   ¿Le gustaría a usted pasar la eternidad separado de Dios?

Sí No   Si una persona es sincera en su religión, ¿quiere decir que está correcta (bien con Dios)?

Sí No   ¿Acaso la actitud sincera de una persona determina si está bien o mal con Dios?

V F Cualquiera que sea sincero en su religión y haga buenas obras irá al cielo.

Sí No   ¿Quiere usted estar preparado para la venida del Día del Juicio?

Sí No   ¿Está usted interesado en saber más acerca de cómo heredar la vida eterna?

15. Juan 14.6,15

V F Jesús es el ÚNICO CAMINO al Padre que está en el cielo.

Sí No   ¿Puede usted obedecer los mandamientos de Jesús si no sabe cuáles son?

REPASO Y SUMARIO

V F El dominio de Los Diez Mandamientos fue abolido cuando Jesús murió en la cruz.

V F El Nuevo Testamento de Jesús entró en vigor cuando Él murió en la cruz.

V F No iré al cielo solamente al ser sincero en mi religión y al guardar Los Diez Mandamientos.

V F Yo todavía puedo aprender cosas buenas del Antiguo Testamento hoy en día.

V F El Día del Juicio viene.

V F Jesús dijo que sólo hay UN CAMINO al cielo.

Sí No ¿Debe seguir a Jesús una persona, aunque signifique ser rechazado por miembros de su propia familia?

V F Yo deseo saber más sobre los mandamientos de Jesús.

¿Cómo puede usted estar listo para el día del juicio?
Estudiaremos esta pregunta en nuestro próximo estudio.

En Pos de la Verdad
Estudio 3:
¿Viene un Día de Juicio Final?

REPASO DE LA LECCIÓN ANTERIOR

   V F Yo manifiesto mi amor a Jesús por obedecer sus mandamientos.
   V F El poder de la Ley del Antiguo Testamento terminó cuando Jesús murió en la cruz.
   V F Yo no estoy obligado a obedecer Los Diez Mandamientos, los cuales ya han sido cumplidos.
   V F El Antiguo Testamento sí nos ayuda a entender el Nuevo Testamento de Cristo.
   V F Jesucristo fue resucitado de la muerte.
   Sí No   Yo quiero prepararme para el Día de Juicio Final.
   Sí No   Yo quiero darle a Jesucristo la autoridad total sobre mi vida.
   Sí No   ¿Cree usted que ya ha sido salvado?
   ¿En cuál año? _____
   ¿En cuál manera? _____
   Sí No   ¿Ha sido usted bautizado?
   ¿En cuál año? _____
   ¿En cuál manera? _____
   ¿Con cuál propósito? _____
   Si usted cree que ya ha sido salvado, ¿fue usted salvado ANTES o DESPUES de su bautismo?
   ¿Se considera usted BIEN, MAL o INSEGURO acerca de su presente relación con Jesús?

INSTRUCCIONES:
Lea los versículos cuidadosamente y luego escriba o circule la respuesta correcta.
Las preguntas de discusión aparecen <u>subrayadas</u>.

1. Juan 8.21
   Sí No   La persona que muere en sus pecados, ¿está separada de Jesús?
   Sí No   ¿Puede una persona que muere en sus pecados todavía ir al cielo?

2. Santiago 4.17 y 1.13-15

Cuando me niego hacer lo que sé que es correcto, yo cometo el _____.

Sí No   ¿Puede un infante (niño) ser culpable de esta clase de pecado?

Cuando yo hago lo que es incorrecto, yo cometo el _____.

Sí No   ¿Puede un infante (niño) ser culpable de esta clase de pecado?

Estos versículos nos enseñan que la codicia (malos deseos) nos llevan al pecado, el cual resulta en _____.

3. Santiago 2.26

En la muerte física, el espíritu del hombre es separado de _____.

V F La muerte es una separación.

En la muerte espiritual, el alma del hombre es separada de Dios a causa de _____.

Sí No   ¿Enseñan estos versículos que el pecado es algo que nosotros heredamos al nacer?

4. Ezequiel 18.20 y Romanos 6.23

Sí No   ¿Pasó el pecado de generación en generación?

¿Cuál es la paga del pecado? _____

¿Es el pago algo que se GANA o algo que se HEREDA?

¿Es el pago por el pecado algo que nosotros hemos GANADO o hemos HEREDADO?

Sí No   En base a la Biblia, ¿nació usted con el pecado original como herencia?

Cuando yo personalmente cometo pecado, yo merezco la paga del pecado, que es _____ espiritual.

5. Romanos 1.24-32

Escriba algunos de los pecados que aparecen en estos versículos, pecados que usted cree que todavía se está cometiendo hoy en día: _____

_____

¿Cómo se siente usted de sus pecados?

¿Cómo piensa usted que Dios se siente con sus pecados de usted?

Dibuje una cruz y escriba sus pecados sobre la cruz.

¿Cómo se siente usted de haber sido separado de Dios a causa de sus pecados personales?

6. Romanos 2.4-6
La bondad de Dios me llevará a _____.
V F Si soy terco y me niego arrepentirme, yo tendré que dar cuenta a Dios en el Día de Juicio.

7. Mateo 21.28-30
Sí No   En este ejemplo de arrepentimiento, ¿acaso uno de los hijos desobedientes cambia su corazón (mente) y entonces obedece a su padre?
Cuando uno se arrepiente, ¿uno cambia su ACTITUD o sus ACCIONES o AMBOS?
Uno de mis pecados es _____.
La manera de arrepentimiento de ese pecado es _____
_____

8. Hechos 26.20
V F El arrepentimiento implica un cambio de corazón (mente) hacia Dios y alejarse de cosas malas.
V F El arrepentimiento se trata del cambio, y no solamente sentirse triste.

9. 2ª Corintios 7.10
El arrepentimiento es el resultado por la _____.
V F La tristeza sincera es sentirse triste por saber que sus pecados ofenden a Dios.
V F La tristeza sincera produce el arrepentimiento, el cual nos lleva a la salvación.
El arrepentimiento ES – NO ES lo mismo que la tristeza sincera.
El arrepentimiento ES – NO ES lo mismo que la salvación.
V F La salvación es más que la tristeza y el arrepentimiento.

10. Efesios 1.7
V F Para ser redimido (traído de nuevo a Dios), usted debe ser perdonado de sus pecados por la sangre de Jesús.

11. Romanos 5.8,9
V F La sangre que Jesús derramó en su muerte por mí, un pecador, comprueba cuánto me ama Dios.
¿Cómo le hace sentir esto?
Sí No   ¿Puede usted ser justificado sin la sangre de Jesús?

12. 1ª Corintios 15.1-4

Sí   No   ¿Puede usted ser salvo sin aceptar el evangelio?

V   F El evangelio consiste de la muerte de Cristo por nuestros pecados, su sepultura, y su resurrección tres días más tarde.

Sí   No   ¿Usted personalmente cree y acepta la verdad del evangelio de Jesucristo?

13. 2ª Tesalonicenses 1.7-9

Aquellos que no obedecen el evangelio sufrirán el castigo TEMPORAL – ETERNO.

El evangelio es la _____, _____,

y _____ de Jesucristo.

¿Está usted SEGURO o INSEGURO de que ha obedecido el evangelio (muerte, sepultura y resurrección) de Jesucristo?

14. Romanos 6.1-4

V   F Para obedecer el evangelio, yo debo morir al pecado (arrepentirme), ser sepultado (bautizado) en la muerte de Cristo, y ser resucitado (levantado) para vivir una vida nueva.

Todos mis pecados que me separan de Dios son quitados por la sangre de Jesús ANTES – DURANTE mi sepultura por el bautismo en la muerte de Cristo.

Soy resucitado para andar en la nueva vida ANTES – DESPUÉS de mi sepultura por el bautismo en la muerte de Cristo.

15. Hechos 2.36-42 y 2.47

V   F Cuando esta gente estuvo consciente de sus pecados, ellos tuvieron la experiencia de la tristeza sincera que es según Dios (*"se compungieron de corazón"*).

V   F Cuando esta gente se dio cuenta de su culpa, ellos quisieron hacer algo por ello.

A ellos se les dijo que se arrepintieran y fueran _____ para el _____ de sus pecados.

Sí   No   ¿Obedeció esta gente al evangelio?

Ellos fueron sepultados en la muerte de Cristo ANTES – DURANTE su bautismo.

V   F Ellos fueron salvados de sus pecados cuando fueron bautizados, no antes.

En su bautismo, esta gente fue salvada y _____ por el _____ a su grupo de seguidores (la iglesia).

Sí No   ¿El Señor añadió a su iglesia a aquellos que no obedecieron el evangelio?

Estas personas ya salvadas se reunían regularmente y se dedicaban a sí mismas a:

(1) _____

(2) _____

(3) _____

(4) _____

REPASO Y SUMARIO

Sí No   ¿Es su deseo arrepentirse de todo pecado en su vida?

Sí No   ¿Es su deseo congregarse regularmente con otros cristianos que han obedecido el evangelio?

Sí No   ¿Cree usted que el bautismo es *para* la remisión (perdón) de pecados?

Sí No   ¿Ha obedecido usted personalmente el evangelio?

¿Qué decisión cree usted que debería tomar en este momento?

¿Irán todos los cristianos al cielo?
Estudiaremos esta pregunta en nuestro próximo estudio.

En Pos de la Verdad
Estudio No. 4:
¿Irán todos los cristianos al cielo?

REPASO DE LA LECCION ANTERIOR
  V F Jesús tiene toda autoridad en el cielo y en la tierra.
  V F Yo no puedo amar a Jesús sin obedecerlo.
  V F Yo no puedo obedecer a Jesús sin obedecer su Nuevo Testamento.
  V F Como todos los hombres, yo también he pecado y he sido separado de Dios.
  V F Yo puedo volver a Dios solamente por medio de Jesús.
  V F Para ser salvo yo debo creer en Jesús, arrepentirme de mis pecados, confesar a Jesús delante de los hombres, y ser bautizado para el perdón de los pecados.

Instrucciones:
Lea los versículos cuidadosamente y luego escriba o circule la respuesta correcta. Las preguntas de discusión aparecen <u>subrayadas</u>.

1. Juan 20.24-29
  Jesús es Señor y Él es _____.
  V F Ya que Jesús es Señor y Dios, sus mandamientos deben ser obedecidos.
  V F Yo personalmente reconozco a Jesús como Señor y Dios, y deseo obedecer sus mandamientos.

2. Mateo 6.24 y 7.21-23
  ¿A cuántos señores puede uno servir?
  Sí No   ¿Irán al cielo todos aquellos quienes hacen buenas obras en el nombre de Jesús?
  Sí No   ¿Irán al cielo todos aquellos que son sinceros en su fe (pero sin obras)?
  ¿Quién tiene la seguridad de ir al cielo?
  _____

3. Lucas 6.46
  Sí No   ¿Agradamos a Jesús al llamarle "Señor" pero sin que obedezcamos su Nuevo Testamento?

Personalmente, ¿qué quiere decir usted cuando llama a Jesús "Señor"?

4. Lucas 9.23-26

Cualquiera que siga a Jesús debe negarse _____ y tomar (llevar) su cruz.

V F En aquellos tiempos se usaba la cruz para quitarle la vida a una persona.

Cada cristiano debe tomar su cruz SEMANALMENTE – DIARIAMENTE.

V F Tomar la cruz diariamente significa morir a sí mismo cada día.

V F El cristiano debe poner en primer lugar su trabajo o ganancias materiales en su vida.

Jesús se avergonzará de mí si yo me avergüenzo de _____ y de sus _____.

V F Siguiendo a Jesús yo creceré espiritualmente al morir a mí mismo, al pecado, y a la seguridad del mundo, y de no avergonzarme de la cruz de Él.

Sí No ¿Dará usted a Jesús completo control de su vida?

5. Lucas 14.15-24

¿Cuáles tres excusas hicieron esos hombres?
  1. _____
  2. _____
  3. _____

¿Qué se siente Jesús acerca de la gente que hace excusas para no seguirlo y hacer su voluntad?

¿Cómo se sentiría Jesús si usted hiciera excusas para no obedecer su voluntad?

6. Lucas 14.25-27

V F Debemos amar a nuestros padres más que a Jesús.

V F Para ser un seguidor de Jesús, yo debo amarle más que a nada o a nadie, incluyéndome a mí mismo.

Sí No ¿Debería usted dejar de hacer la voluntad de Jesús cuando llega a ser inconveniente para usted?

Sí No ¿Debería usted seguir las creencias religiosas de sus padres, amigos o esposo(-a) si están en contra al Nuevo Testamento de Jesús?

Sí No ¿Puede usted ser un discípulo de Jesús si no toma su cruz y pone a Jesús en primero lugar en todo?

7. Lucas 14.28-35
Un constructor antes de construir, y un rey antes de ir a la guerra, contarán el _____.

V F Aquellos que desean ser discípulos de Jesús deben contar el costo.

V F Jesús compara a sus discípulos con la sal.

La sal que pierde su sabor y los discípulos que no ponen a Jesús en primer lugar sólo sirven para _____.

¿Qué significa renunciar todas sus posesiones?
¿Cómo? ¿Por qué?

8. 1ª Pedro 5.8 y Santiago 4.7-8
Sí No ¿Existe de veras el diablo?

Sí No ¿Está el diablo activamente buscando maneras para que usted no siga a Jesús?

El poder para resistir al diablo y hacerlo huir de usted viene por _____ y _____ a Dios.

V F El estudio frecuente de la Biblia, la oración, la Cena del Señor, y congregándose con otros cristianos fieles le ayudarán a usted acercarse a Dios y crecer espiritualmente.

9. 2ª Pedro 1.5-11
V F Los cristianos que están creciendo añadirán a su fe valores morales, sabiduría, dominio propio, perseverancia, piedad, afecto fraternal y amor cristiano.

Explique cómo cada una de estas virtudes se aplica a su vida diaria.

V F Mientras usted practique estas cosas, usted nunca podrá caer.

10. 2ª Pedro 2.20-22
Sí No ¿Es posible para un cristiano enredarse otra vez en el mundo?

V F Habría sido mejor si ellos nunca hubieran conocido el camino de justificación.

Para un cristiano, el ser infiel es como un puerco (cerdo) volviendo a _____.

Para un cristiano, el ser infiel es como un perro volviendo a su _____.

¿Cómo le hace sentir a usted estas descripciones de un cristiano volviéndose a ser infiel?

Sí No ¿Enseña la Biblia (como muchos creen) que una vez que una persona es salvada nunca podrá perderse otra vez?

11. 2ª Pedro 3.16-18

V F Alguna gente mal usa, abusa, y tuerce las Escrituras para su propia destrucción.

V F El cristiano debe cuidarse contra los falsos maestros y hombres sin principios.

Un cristiano debe crecer en la _____ y _____ de nuestro Señor.

¿Cómo piensa usted acerca de una persona que se compromete a servir a Jesús, es bautizado en Cristo y luego deja de asistir a las reuniones de la iglesia?

12. 1ª Juan 5.13

V F Usted sí puede saber que tiene vida eterna por las cosas que ya están escritas.

V F Usted sí puede saber que tiene vida eterna por el ánimo que usted se siente.

V F Ni el sentimiento ni la opinión personal de uno es una guía segura a la vida eterna.

13. 1ª Juan 1.5-10

V F Dios es luz, y las tinieblas son el pecado.

Sí No   Si usted anda en tinieblas (pecado), ¿puede usted tener comunión con Dios?

V F El andar en tinieblas (pecado) es estar perdido (fuera de la comunión con Dios).

V F Si usted anda en la luz, usted no niega sus pecados sino los reconoce.

Cuando un cristiano anda en la luz, la sangre de Jesús le está limpiando de ALGUNOS – TODOS de sus pecados.

Sí No   ¿Sigue cometiendo pecado el cristiano mientras anda en la luz?

V F Mientras anda en la luz, el cristiano tiene comunión continua con Dios porque la sangre de Cristo le limpia de todos sus pecados.

14. Romanos 6.1-4

¿Cómo llega uno a tener contacto por primera vez con la sangre limpiadora de Cristo la cual Él derramó en su muerte?

_____

El bautismo consiste de ROCIAR – DERRAMAR – SEPULTAR a la persona en o con agua.

Sí No   Si usted nunca ha sido sepultado por el bautismo, ¿está la sangre de Cristo limpiándole de sus pecados?

15. Hechos 19.3-5

Sí No ¿Fueron esas personas bautizadas más de una vez?

Sí No ¿Entendieron estas personas el evangelio cuando fueron bautizados la primera vez?

Sí No Si la persona no entiende el evangelio correctamente, ¿puede ser válido su bautismo?

Sí No ¿Espera Dios que usted viva igual después del bautismo, así como vivía antes de su bautismo?

Sí No ¿Desea usted cambiar (arrepentirse de) todo en su vida que está en contra de la voluntad de Dios (el Nuevo Testamento de Cristo)?

Sí No Si usted nunca ha sido bautizado conforme a la Biblia, ¿cree que usted ahora entiende el evangelio lo suficiente para ser bautizado ahora?

REPASO Y SUMARIO

V F Ser cristiano significa entregarse completamente a Jesucristo.

V F Ser cristiano significa seguir (obedecer) a Jesús hasta la muerte.

V F Ser cristiano significa andar en la luz de la palabra de Dios.

V F Andar en la luz no significa que yo nunca volveré a cometer un pecado.

V F Andar en la luz incluye arrepentimiento y confesión (reconocimiento) de mis pecados.

V F Si yo ando en la luz, puedo estar seguro que la sangre de Jesús me está limpiando de todos mis pecados.

V F La sangre de Cristo limpia solamente a aquellos que andan en la luz _después_ de inicialmente haber tenido contacto con la sangre en el bautismo bíblico.

V F El bautismo es el principio de una vida nueva.

V F Aquellos que han sido "bautizados" sin entender el evangelio deben ser bautizados otra vez.

¿Debería usted unirse a y congregarse con la iglesia de su preferencia?

Estudiaremos esta pregunta en nuestro próximo estudio.

En Pos de la Verdad
Estudio 5:
¿Debería usted unirse a una iglesia cualquiera?

REPASO DE LA LECCION ANTERIOR
   V F Cuando somos bautizados como dice la Biblia, somos sepultados en la muerte de Cristo donde Él derramó su sangre.
   V F Cuando somos bautizados como dice la Biblia, somos levantados para andar en vida nueva.
   V F Si andamos en la luz después del bautismo, la sangre de Cristo continúa a limpiarnos de nuestros pecados.

Instrucciones:
Lea los versículos cuidadosamente y luego escriba o circule la respuesta correcta, según el pasaje citado. Las preguntas de discusión aparecen <u>subrayadas</u>.

1. **Juan 17.20-21**
   V F Jesús oró para que sus seguidores fueran divididos en varios grupos.

2. **1ª Corintios 1.10-12**
   Sí No   ¿Se agrada Dios de que los seguidores de Jesús sean divididos?
   V F La división resulta por seguir a los hombres en lugar de seguir a Jesús.
   <u>En base a estos versículos, ¿Cómo piensa usted que Jesús se siente acerca de todas las iglesias diferentes hoy en día?</u>
   V F Para agradar a Dios, nosotros debemos ser de una misma mente y parecer.

3. **Romanos 6.17**
   Para ser de la misma mente, los seguidores de Jesús deben obedecer de corazón a la _____ de enseñanza (doctrina).
   V F Yo sí deseo seguir a Jesús.
   V F La clave para la unidad religiosa de todos los seguidores de Jesús es obedecer de corazón la forma (el modelo) de doctrina (enseñanza) del Nuevo Testamento.

4. Mateo 16.18; 28.18

V F Jesús prometió edificar una sola iglesia.

Sí No ¿Tiene Jesús toda autoridad hoy?

Sí No Si todos se sometieran a la autoridad de Jesús y obedecieran la misma forma de enseñanza, ¿habría tantas iglesias diferentes hoy?

Sí No ¿Será posible someterse a la autoridad de Jesús, pero no seguir sus palabras?

Para identificar la iglesia que pertenece a Jesús nosotros debemos volver al _____ Testamento.

V F Tenemos el derecho de cambiar las enseñanzas bíblicas para agradar a los hombres.

Lea 2ª Tesalonicenses 2.1-4; 1ª Timoteo 4.1-3. <u>¿Qué quieren decir estos pasajes para usted?</u>

5. Efesios 1.22,23; 4.4; 5.23

Cristo es la cabeza de la iglesia, la cual es su _____.

V F Solo hay un cuerpo, la iglesia.

V F Cristo es el Salvador de una sola iglesia, la cual es su cuerpo.

Sí No ¿Podría ser salvo un miembro de una iglesia de la cual Jesús ni es cabeza ni salva?

6. Juan 4.23-24

V F Los verdaderos adoradores deben adorar a Dios *"en espíritu y en verdad"*.

¿Qué significa para usted la palabra *"deben"*?

V F Solamente al seguir la forma del Nuevo Testamento podemos adorar *"en verdad"*.

7. Marcos 7.6-9

V F La adoración de acuerdo a la doctrina de hombres es falsa y sin valor alguno.

V F Para adorar *"en espíritu y en verdad"* nosotros debemos seguir la forma del Nuevo Testamento.

8. Mateo 26.17, 26-29

V F Jesús usó pan sin levadura y fruto de la vid en su última cena.

V F Aquellos que siguen la forma del Nuevo Testamento usarán el pan sin levadura y el fruto de la vid en la Cena del Señor.

9. Hechos 20.7

V F Los verdaderos adoradores se reunieron el primer día de la semana (domingo) *"para partir el pan"* (tomar la Cena del Señor).

V F Las iglesias de hoy que parten el pan (toman la comunión) diario, o una vez cada mes o cada tres meses, están siguiendo la forma del Nuevo Testamento.

10. Efesios 5.19; Colosenses 3.16

V F Cantar es una parte de las enseñanzas del Nuevo Testamento.

V F Si el Nuevo Testamento no menciona el uso de los instrumentos mecánicos de música en la adoración de la iglesia, se puede añadir estos y todavía adorar "en verdad".

V F Nosotros podemos confiar lo que los escritores inspirados escribieron porque es exacto y completo.

V F Podemos añadir a lo que dice la Biblia según nuestros propios deseos.

11. Mateo 23.8-10

V F Los líderes en la iglesia del Señor se les llaman "padres".

12. Tito 1.5-9 [Hechos 20.17-28; 1ª Pedro 5.1-4]

V F Los ancianos (obispos, administradores) en la única iglesia de Cristo deben calificarse, reuniendo los requisitos y características que la Biblia detalla.

V F Dios ordenó que los lideres (obispos, ancianos, pastores) en su iglesia deben ser varones casados y que tienen hijos.

¿Cómo piensa usted acerca de tantas iglesias diferentes que existen hoy día?

13. 1ª Timoteo 2.8-12; 1ª Corintios 14.34

V F Los hermanos varones son los que deben enseñar y orar en público.

Sí No ¿Es permitido a las mujeres tomar el liderazgo en las reuniones de la iglesia?

V F La iglesia verdadera hoy en día tendrá mujeres que predican.

14. Gálatas 3.26, 27

V F Cuando una persona es bautizada correctamente, ella es bautizada *"en Cristo"*.

Sí No Si usted no ha sido bautizado propiamente, ¿está usted "en Cristo"?

Sí No Si usted no ha sido bautizado propiamente, ¿le ha añadido el Señor a su iglesia?

Sí No ¿Puede uno ser salvado fuera de la iglesia del Señor?

V F A pesar de su vida social o religiosa en tiempo pasado, usted ahora tiene la oportunidad de unirse con todos los demás que están *"en Cristo"*.

15. Hebreos 10.23-26

V F La forma del Nuevo Testamento enseña específicamente a los cristianos que no dejen de congregarse.

Sí No ¿Agradecería usted a Dios si fuera nacido de nuevo en el bautismo, pero no permaneciera fiel?

Sí No ¿Le gustaría a Jesús que usted adorara con una iglesia que no observa la Cena del Señor todos los domingos?

Sí No ¿Le gustaría a Jesús que usted se congregara con una iglesia que cree y enseña que una persona es salva <u>antes</u> del bautismo?

La iglesia de Cristo en esta área se congrega cada semana en las siguientes horas: _____

Sí No Como miembro de la iglesia del Señor, ¿debería usted estar ausente deliberadamente en cualquiera de los horarios de las reuniones anteriores?

REPASO Y SUMARIO

*La FORMA del Nuevo Testamento respecto a la SALVACION incluye lo siguiente:

V F Creer en Jesús, el Hijo de Dios.

V F Arrepentirse de los pecados.

V F "Confesar" (es decir, reconocer) a Jesús ante los hombres.

V F Bautismo en agua (mediante el proceso de ser sumergido) para la remisión de los pecados.

V F Andar en la luz.

*La FORMA del Nuevo Testamento respeto a LA IGLESIA incluye lo siguiente:

V F Jesús es la cabeza y salvador de solamente una iglesia.

V F Nadie puede unirse a la iglesia de Cristo si no es añadido por el Señor cuando es bautizado conforme a lo que dice la Biblia.

V F Los obispos (ancianos) en la única iglesia deben ser hombres casados con hijos.

V F Los hombres, no las mujeres, deben tomar la dirección en la oración pública y en la enseñanza.

V F Los títulos religiosos tal como "Padre" o "El Reverendo" son condenados por Jesús.

*La FORMA del Nuevo Testamento respecto a la ADORACION incluye lo siguiente:

V F La Cena del Señor es observada todos los domingos, no diario, ni mensual, o cada tres meses.

V F El pan sin levadura y fruto de la vid son usados, ni más ni menos.

V F La música en el culto es el cantar, no se menciona tocar.

* Solamente la iglesia que conforme a la forma del Nuevo Testamento puede ser la única iglesia que estableció Jesús.

* ¿Quisiera usted ser parte de un grupo o iglesia que viola la forma del Nuevo Testamento en cualquiera manera?

¿Cuándo debe ser bautizada de nuevo una persona?
Estudiaremos esta pregunta en nuestro próximo estudio.

En Pos de la Verdad
Estudio 6: Obedeciendo al evangelio
¿Cuándo debe ser bautizada de nuevo una persona?

REPASO DE LA LECCION ANTERIOR

   V F Los pecados causan la muerte espiritual (separación de Dios).
   V F El pecado es cometido por uno mismo, no heredado de las personas del pasado.
   V F Los infantes no son culpables de pecado.
   V F Solamente con el perdón de mis pecados yo estaré listo para el Día de Juicio venidero.
   V F Para obtener el perdón de mis pecados, yo debo arrepentirme de ellos.
   V F El arrepentimiento se trata de cambiar mis hechos y mi actitud respecto al pecado.
   V F *"La tristeza que es según Dios"* por mis pecados me llevará al arrepentimiento de ellos.
   V F Dios perdona los pecados en el bautismo, no antes.
   V F Los pecados que yo escribí en la cruz (y todos mis demás pecados) son perdonados cuando yo sea bautizado bíblicamente.
   V F Después del bautismo debo congregarme el primer día de cada semana para partir el pan.

Instrucciones:
Lea los versículos cuidadosamente y luego escriba o circule la respuesta correcta.
Las preguntas de discusión aparecen <u>subrayadas</u>.

1. 2ª Tesalonicenses 1.7-9
Jesús condenará para siempre a los que no conocen a Dios y no

_____ su _____.

  Sí No   Yo deseo obedecer el evangelio.

2. 1ª Corintios 15.1-4
  Somos salvos por el _____.
 <u>¿Cuál es el castigo para aquellos que no conocen a Dios y aquellos que no obedecen el evangelio de Jesucristo?</u>

_____

  Sí No   Yo deseo ser salvo por el evangelio.

El evangelio predicado por el apóstol Pablo fue que Cristo _____ por nuestros pecados, fue _____,
y fue _____ de la muerte.

3. Romanos 6.3-6
Nosotros somos _____ por el _____
en la _____ de Cristo y _____
para andar en vida nueva.

¿Cómo puede uno unirse a la muerte que Cristo murió por nuestros pecados? _____ _____
Sí No ¿Le beneficiará personalmente a usted la muerte de Cristo si usted <u>no</u> está sepultado en su muerte?
Sí No ¿Puede usted ser sepultado en la muerte de Cristo por guardar Los Diez Mandamientos?
Sí No ¿Puede usted ser sepultado en la muerte de Cristo al pedirle a Él que entre en su corazón como su Salvador personal?
V F Para obedecer el evangelio (la muerte, la sepultura, y la resurrección) de Cristo, yo tengo que morir a mí mismo, ser sepultado por el bautismo, y ser levantado para andar en vida nueva.

4. Juan 19.32-34
V F Jesús derramó su sangre en su muerte.

5. Apocalipsis 1.5; Efesios 1.7
Nosotros podemos tener redención y perdón de nuestros pecados (transgresiones) solamente por medio de la _____
que Jesús derramó en su _____.
Sí No ¿Puede usted obtener el perdón de sus pecados sin la sangre de Jesús?
La única manera de tener contacto con la sangre que Jesús derramó en su muerte es por ser sepultado por el _____
en su muerte.
V F Si uno nunca ha sido bautizado, entonces tal persona nunca ha contactado la sangre salvadora de Jesús.
¿Está usted SEGURO o INSEGURO de que usted personalmente ha contactado la sangre de Cristo para ser salvo (tener el perdón de pecados)?
V F Si uno nunca ha sido bautizado, entonces tal persona nunca ha obedecido el evangelio.
V F Si uno nunca ha sido bautizado, entonces tal persona nunca ha tenido sus pecados perdonados.

6. **1ª Pedro 3.20-21**
   Sí No   ¿Es uno "salvo" por el bautismo?
   Sí No   ¿Obtiene uno el "perdón de pecados" en el bautismo?
   V F   Ser "salvo" y el "perdón de pecados" ocurren en el bautismo.
   Sí No   ¿Se puede ser salvo antes de que los pecados sean perdonados?
   Sí No   ¿Podrá usted ser salvo antes del bautismo?

7. **Romanos 10.17; Hechos 16.25-34**
   ¿La fe viene ANTES o DESPUES de oír la palabra de Cristo?
   ¿Creyeron todos los que estaban en la casa ANTES o DESPUES que fueron enseñados la palabra del Señor?
   V F   Para creer, es necesario ser instruido primero.
   Sí No   ¿Pueden los infantes creer?
   Sí No   ¿Son los infantes culpables de pecado?
   Sí No   ¿Había algunos infantes en esta familia?
   Aporte dos razones bíblicas por las cuales los infantes no necesitan y no deben ser bautizados:
   1. _____
   2. _____
   Sí No   ¿Fueron las personas de esta familia bautizadas en la medianoche?
   En su opinión, ¿por qué no esperaron ellos por un tiempo más conveniente?

8. **Hechos 8.35-39**
   Felipe predicó el _____ a él.
   Sí No   Cuando usted predica a alguien de Jesús, ¿debe también enseñar acerca del bautismo en agua?
   Sí No   Cuando usted predica a alguien de Jesús, ¿debe enseñar *"fe solamente"*?
   Sí No   ¿Acaso esta persona quería bautizarse inmediatamente?
   Sí No   ¿Fue este hombre bautizado en agua?
   V F   El bautismo bíblico es una sepultura en agua para el perdón de pecados.
   Sí No   ¿Acaso el agua quita los pecados?
   Explique cómo y por qué los pecados son quitados (borrados) en el bautismo en agua.
   (Si es necesario, estudien las preguntas #3-5 otra vez).
   Sí No   ¿Cree y acepta usted las enseñanzas de la Biblia acerca del bautismo?

9. Efesios 4.5

Hay _____ Señor.

Hay _____ fe.

Hay _____ bautismo.

V F Jesús es el único camino al Padre, quien está en el cielo.

¿Qué desea Jesús que usted haga con sus palabras?
_____

10. Colosenses 2.11-12

V F El *"un solo"* bautismo de la Biblia es una sepultura.

Compare la enseñanza bíblica acerca del bautismo con lo que usted fue enseñado en el pasado.

11. Hechos 19.3-5

Sí No ¿Fueron estas personas bautizadas más de una vez?

Sí No ¿Entendieron estas personas correctamente el evangelio cuando fueron bautizadas la primera vez?

Sí No Si el entendimiento del evangelio de una persona no es correcto, ¿puede su bautismo ser válido?

En la Lección 3, ¿usted contestó que fue salvo ANTES o DESPUES que usted fue bautizado? _____

Sí No Si usted contestó ANTES, ¿entendió correctamente usted el evangelio al tiempo de su bautismo?

Sí No Si usted fue bautizado (por inmersión) sin el entendimiento correcto, ¿debe usted ser bautizado otra vez?

Sí No Después de estudiar la enseñanza bíblica acerca del bautismo, ¿cree usted que fue bautizado en la forma apropiada (sepultado en agua)?

Sí No ¿Cree usted que es salvo?

12. Gálatas 3.26-28

¿Cómo puede usted estar *"en Cristo"*? _____
_____

Sí No ¿Puede usted ser salvo fuera de Cristo?

V F A pesar de su previa situación social o religiosa, usted sí tiene la oportunidad de ser uno con todos los demás que están "en Cristo".

¿Cómo se siente usted acerca de hacer a Jesús el Señor de su vida y de obedecer sus palabras?

¿Cuáles preguntas tiene usted acerca del bautismo?

Si usted tiene algunas dudas acerca de su bautismo anterior, ¿qué debe usted hacer ahora?

13. 2ª Corintios 5.17; 1ª Juan 1.7
  V F En Cristo, todas las cosas son hechas nuevas.
  V F Cuando usted sea bautizado correctamente *"en Cristo"*, usted será una nueva criatura.
  Si usted anda en la luz después del bautismo, la sangre de Cristo sigue limpiándolo de _____ sus pecados.
  ¿Cómo se siente usted acerca de tener una nueva vida en Jesús?

14. Lucas 8.11-15
¿Cuántas diferentes clases de corazones existen?
_____

¿Cuál corazón desea tener usted?
_____

  V F Satanás quiere quitarle la palabra de Dios para que usted se pierda.
¿Cuál es su responsabilidad en este asunto?

15. Hechos 22.16
  En el bautismo los pecados son _____ por la sangre de Cristo.
  Sí No ¿A esta persona se le dijo que se debiera retrasar su bautismo?
  Sí No Si usted cree en Jesús y está dispuesto en arrepentirse de sus pecados, ¿debería usted tardarse en ser bautizado?
  ¿Cuándo desea Jesús que usted sea bautizado? _____
  ¿Cómo se siente usted acerca de su presente relación con Cristo?

REPASO Y SUMARIO
  V F Yo deseo ir al cielo.
  V F Yo deseo que Jesús sea mi Señor y Salvador.
  V F Yo deseo arrepentirme de todo pecado.
  V F Yo deseo que todos los pecados se me perdonen.
  V F Yo deseo congregarme todos los domingos con otros cristianos *"para partir el pan."*
  V F Yo deseo ser bautizado en Cristo inmediatamente.

¿Cuáles son algunos beneficios de ser un discípulo de Jesús?
Estudiaremos esta pregunta en nuestro próximo estudio.

En Pos de la Verdad
Estudio 7:
¿Cuáles son algunos beneficios de ser un discípulo de Jesús?

REPASO DE LOS ESTUDIOS ANTERIORES
Si usted tiene preguntas o dudas acerca de lo siguiente, por favor estudie otra vez las Escrituras en las lecciones anteriores [los números de esas lecciones aparecen en paréntesis].

   V F Solamente en la Biblia se puede confiar sobre la verdad de las cosas de Dios. [1]
   V F Pocas personas irán al cielo; muchas no irán. [1]
   V F Yo mismo iré al cielo solamente si yo aprendo y hago la voluntad de Jesús (Dios). [1]
   V F El Nuevo Testamento de Cristo es la voluntad de Dios para mí hoy día. [2]
   V F Yo he pecado y mis pecados me han separado de Dios. [3]
   V F Yo puedo tener el perdón de todos mis pecados solamente por medio de todo lo siguiente:
  *Creer en Jesús. [1]
  *Reconocer a Jesús delante de los hombres. [2]
  *Ser sepultado en agua para la remisión de mis pecados. [3-6]
   V F Yo puedo permanecer salvo después del bautismo solamente al seguir como un fiel discípulo de Jesús. [4]
   V F Ser un fiel discípulo de Jesús incluye congregarse todas las semanas para adorar a Dios con su iglesia. [5]
   V F Si yo ando en la luz después del bautismo y tengo comunión continua con Dios la sangre de Jesús continuamente me limpia de todos mis pecados. [6]
<u>¿Qué pensamientos o preguntas tiene usted acerca de las cosas de que hemos estudiado hasta ahora?</u>

Instrucciones:
Lea los versículos cuidadosamente y luego escriba o circule la respuesta correcta. Las preguntas de discusión se encuentran <u>subrayadas</u>.

1. Juan 5.24; 1ª Juan 5.13
   V F Un fiel discípulo de Jesús tiene la vida eterna ahora mismo.
   Sí No <u>Como un fiel discípulo de Jesús, ¿necesita usted temer el Juicio Final?</u>

Usted puede saber que tiene vida eterna por
SUS SENTIMIENTOS – LA PALABRA DE DIOS ESCRITA.

Sí No Si nadie creería la Biblia, ¿sería ella menos verdadera?

2. Juan 10.27-29; Romanos 8.31-39
Sí No Como fiel seguidor de Jesús, ¿necesita usted preocuparse de perderse el alma?
¿Quién puede separar a usted de Dios el Padre? _____

3. Gálatas 3.27; Romanos 8.1
Sí No Si usted ha sido bautizado apropiadamente, ¿está usted *"en Cristo"*?
Sí No Si usted está *"en Cristo"*, ¿necesita temer la condenación delante Dios?

4. Romanos 8.26-28
V F Si usted es un cristiano, el Espíritu Santo intercede por usted cuando usted ora.
¿Cómo le hace sentir esto a usted?
Para un fiel discípulo que ama a Dios, Dios causa que ALGUNAS – TODAS las cosas le sirven para el bien.
Sí No ¿Cree usted que Dios puede hacerlo que todas las cosas le sirven para el bien?

5. 1ª Corintios 6.9-11
V F A pesar de su vida pasada, si usted ahora está en Cristo, usted ha sido lavado, santificado y justificado delante de Dios.
¿Cómo se siente usted acerca de la vida que usted llevaba en tiempo pasado?
Sí No Si usted es un fiel discípulo de Cristo, ¿hay alguna razón para todavía sentirse culpable por los pecados que cometió en el pasado?
Sí No ¿Cree usted que Dios le podría perdonar todos sus pecados?

6. Filipenses 3.8-14
V F Nosotros los cristianos necesitamos olvidar lo que queda atrás y proseguir a la meta.
V F Los cristianos pueden mirar hacia delante para anticipar la resurrección de los muertos.
V F Se debe mantener siempre la mirada puesta en Jesucristo.

7. 2ª Corintios 5.17; Efesios 1.3
V F Si usted está en Cristo, usted es una nueva criatura y las cosas viejas pasaron.
¿Qué beneficios prácticos ve usted en esta verdad?
Si usted no está en Cristo, ¿cómo puede usted llegar a estar en Cristo?
¿Cuántas bendiciones espirituales tiene uno *"fuera de Cristo"*?
Sí No ¿Puede pensar usted de una buena razón para permanecerse *"fuera de Cristo"*?
¿Qué puede usted hacer para ayudar a otros que todavía no están *"en Cristo"*?

8. 1ª Pedro 1.3-4; Hebreos 9.15
¿Dónde está la herencia reservada para usted? _____
_____
Su recompensa de la herencia vendrá del HOMBRE – DIOS.
Sí No ¿Es su recompensa corruptible?
Sí No ¿Sabe usted de otra herencia que sea incorruptible?

9. Hebreos 4.14-16
Sí No ¿Puede Jesucristo compadecer con sus debilidades y tentaciones?
¿Cómo le ayuda a usted esto para permanecer un fiel discípulo de Jesucristo?
Acercándonos al trono de la gracia podemos recibir _____ y encontrar _____ en tiempo de necesidad.
Sí No ¿Se preocupa Dios en la vida de usted, en la necesidad personal de usted?

10. Efesios 3.20; Filipenses 2.12-13
Sí No ¿Puede Dios hacer en usted más allá de todo lo que usted pide o piensa?
¿Qué le dice esto acerca de la naturaleza, las cualidades de Dios mismo?
Sí No ¿Puede Dios ayudarle a vencer los malos hábitos?
¿Qué cambios le gustaría que Dios le ayudara a realizar en su vida diaria?
V F Si usted se somete a Dios, Él obrará en usted para su bienestar.
¿Cómo se siente usted acerca de entregar su vida completamente a Dios para el propósito de Dios?

11. Efesios 1.7-14; 3.1-11
V F Desde el principio, el propósito de Dios para nosotros fue hacernos sus herederos.

V F Un cristiano (discípulo) tiene la redención por medio de la sangre de Cristo.

V F Como discípulo de Cristo usted es perdonado de todas sus transgresiones.

V F Si usted ha sido bautizado correctamente en Cristo, usted ya ha obtenido una herencia eterna.

V F Como cristiano, usted ha sido sellado con el Espíritu Santo como anticipo de su herencia eterna.

Sí No ¿Puede uno recibir la herencia si uno no cumple con las condiciones del testamento?

12. Efesios 2.12
Los que están separados de Cristo tienen POCA – NINGUNA esperanza.

¿Cómo le gustaría ir a través de la vida sin ninguna esperanza?

13. 1ª Tesalonicenses 4.13-14
¿Cómo le gustaría enfrentarse a la muerte sin ninguna esperanza?

14. 1ª Corintios 15.50-58
Sí No ¿Un fiel discípulo de Jesucristo necesita tener temor a la muerte?

¿Cómo se siente usted acerca de su relación presente con Dios?

15. Colosenses 2.8-13; 1.21-23
V F Cuando una persona es perdonada de todas sus transgresiones (pecados), Dios le da vida (la persona es "vivificada", "revivida", "resucitada").

Antes de ser "vivificado-revivido-resucitado" usted estaba DEBIL – MUERTO en sus transgresiones.

Usted fue "vivificado-revivido-resucitado" cuando usted CREYÓ – FUE SEPULTADO EN EL BAUTISMO.

Antes de ser un discípulo de Jesús, usted estaba SEPARADO DE – RECONCILIADO CON Dios.

Si usted ha sido sepultado correctamente en el bautismo para la remisión de pecados, usted ahora está SEPARADO DE – RECONCILIADO CON Dios.

¿Cuáles son algunas diferencias entre las tradiciones hechas por los hombres y las enseñanzas de la Biblia con respecto al bautismo?

Sí No ¿Piensa usted que mucha gente cree en las enseñanzas de la Biblia acerca del bautismo?

Sí No ¿Irá la mayoría de las personas al cielo?

Sí No ¿Irá usted al cielo?

¿Cuáles dudas, temores, o sentimientos tiene usted en cuanto a su salvación?

V F Como discípulo de Jesús, usted ahora tiene esperanza.
Sí No ¿Será posible alejarse uno de la esperanza del evangelio?

Como discípulo de Jesús usted puede continuar teniendo esperanza si _____ firmemente establecido y con constancia.

Sí No ¿Es esto lo que usted personalmente desea hacer?

REPASO Y SUMARIO
V F Dios personalmente se preocupa de mí.
V F Como discípulo de Jesús, ya estoy perdonado de todos mis pecados.
V F Con Jesús, yo tengo esperanza; sin Él, yo no tengo esperanza alguna.
V F Un fiel discípulo de Jesús ya empezó a gozar de vida eterna y ya no necesita temer el Juicio Final.
V F Toda bendición espiritual se encuentra *"en Cristo."*
V F No hay condenación para mí si yo estoy *"en Cristo."*
V F Si yo no estoy *"en Cristo"*, yo puedo ser bautizado con resultado de llegar estar en Cristo.
Sí No ¿Está usted *"en Cristo"*?
Sí No Si no, ¿quiere usted estar *"en Cristo"*?
Sí No ¿Quiere usted ser lavado, santificado y justificado por medio de Cristo Jesús?
Sí No ¿Quiere usted ser bautizado en Cristo ahora mismo?
V F Después del bautismo usted puede continuar teniendo esperanza al continuar en la fe, firmemente establecido y con constancia.

¿Somos salvos por fe o por obras*?*
Estudiaremos esta pregunta en nuestro próximo estudio.

En Pos de la Verdad
Estudio 8:
¿Somos salvos por fe o por obras?

Instrucciones:
Lea los versículos cuidadosamente y luego escriba o circule la respuesta correcta. Las preguntas de discusión se encuentran subrayadas.

1. Juan 3.16; 8.24
   Sí No   ¿Puede cualquiera persona tener la vida eterna sin creer en Jesús?
   Sí No   ¿Puede cualquiera persona ser salva sin tener fe en Jesús?
   Sí No   Si usted no tiene fe en Jesús, ¿morirá en sus pecados?
   V F La fe en Jesús es necesaria para tener vida eterna.
   V F Si yo no tengo fe in Jesús, yo moriré en mis pecados y no pasaré la eternidad con Dios.

2. Juan 6.27-29
   Creer en Jesús es un SENTIMIENTO – OBRA.

3. Santiago 2.17
   Sí No   ¿Existe tal cosa como una fe muerta?
   Sí No   ¿Podrá ser salvo alguien con esta clase de fe?

4. Santiago 2.18-20
   Sí No   ¿Existe tal cosa como una fe inútil?
   Sí No   ¿Podrá ser salvo alguien con esta clase de fe?

5. Santiago 2.21-22
   V F La fe es perfeccionada (completada) por obras.
   Sí No   ¿Existe tal cosa como una fe imperfecta (incompleta, muerta)?
   Sí No   ¿Podrá ser salvo alguien con esta clase de fe?

Sí No   Cada vez que la palabra "fe" aparece en la Biblia, ¿acaso siempre significa exactamente la misma cosa?

6. Santiago 2.23-24
Sí No   ¿Somos justificados por fe solamente?

7. Juan 12.42-43
Sí No   ¿Tenía fe en Jesús esta gente?

Sí No   ¿Tenían estos la clase de fe que les llevaba a confesar a Jesús?

¿Qué significa reconocerlo delante las personas?

Sí No   ¿Tenían estos la clase de fe que les llevaba a obedecer a Jesús?

Sí No   ¿Tenían estos la clase de fe en Jesús por la cual se salva una persona?

Sí No   ¿Puede tener fe en Jesús una persona y todavía no ser salva?

Explique como la fe salvadora es diferente de las otras clases de fe de las cuales leemos en la Biblia.

8. Romanos 1.5; 16.26
La fe salvadora es fe que es EMOCIONAL – OBEDIENTE.

9. Romanos 10.17; 1ª Corintios 2.1-5
La fe salvadora es fe que viene de SABIDURIA DE HOMBRES – LA PALABRA DE DIOS.

"Arrepentíos y bautícese cada uno de vosotros en el nombre de Jesús para perdón de los pecados" (Hechos 2.38, RV) es SABIDURIA DE HOMBRES – PALABRA DE DIOS.

"Crees en el nombre del Señor Jesús y reúnete con la iglesia que a ti te gusta" es SABIDURIA DE HOMBRES -- PALABRA DE DIOS.

"Solamente acepte a Jesús como tu salvador personal para ser salvo" es SABIDURIA DE HOMBRES – PALABRA DE DIOS.

"Solamente pídele a Jesús que entre en tu corazón y Él te salvará" es SABIDURA DE HOMBRES – PALABRA DE DIOS.

10. Filipenses 2.17; Efesios 2.8-10
La fe que salva se trata de OBRAS MERITORIAS – SACRIFICIO Y SERVICIO.

11. Juan 14.15; 1ª Corintios 7.19; Gálatas 5.6

La fe que salva se trata de OBRAS MERITORIAS – OBEDIENCIA motivada por amor.

12. Hebreos 11.6-8

Por _____ Noé obedeció a Dios.

Sin la obediencia, la fe de Noé hubiera sido PERFECTA – INÚTIL.

Por fe, Abraham _____ a Dios.

Compare la fe de Noé y la de Abraham con las otras clases de fe de las cuales leemos en la Biblia. ¿Qué necesita hacer uno para tener una fe como Noé y Abraham? _____
_____
_____

13. Marcos 16.14-16

V F Aquellos que creen el evangelio serán bautizados.

V F Aquellos que no creen el evangelio no serán bautizados.

Aquellos que profesan creer en Jesús, pero no quieren ser bautizados tienen la clase de fe que SÍ– NO los salvará.

Sí No ¿Acaso su fe en Jesús le ha llevado a obedecerlo en el bautismo?

14. 2ª Pedro 1.5-9

Sí No Después de que su fe le ha llevado a la purificación de sus pecados por medio del bautismo, ¿espera Dios que usted siga constante en su fe?

Explique cómo podemos sumar a nuestra fe las siete cualidades que Dios quiere.

V F El continuar en el estudio de la Biblia le ayudará para añadir estas virtudes cristianas a su fe.

V F El congregarse cada vez en el culto de adoración con otros cristianos le ayudará para añadir estas cualidades a su fe.

15. 1ª Pedro 1.1-2

Sí No Si usted todavía no ha nacido de nuevo en el bautismo para el perdón de sus pecados, ¿le impulsará su fe en Jesús a que usted lo haga en este tiempo?

Sí No Si usted es un *"bebé recién nacido"* en Cristo, ¿quiere Dios que usted crezca espiritualmente?

Sí No ¿Es esto lo que usted también quiere hacer?

Sí No ¿Tiene usted el deseo de congregarse frecuentemente con otros cristianos en el culto?

Sí No ¿Es su deseo de reunirse frecuentemente con otros cristianos para continuar estudiando la Biblia?

REPASO Y SUMARIO

V F En la Biblia, el creer (la fe) no es solo una afirmación mental.

V F En la Biblia, el creer (la fe) incluye acciones (obediencia).

V F El creer (es decir, la fe) en Jesús es absolutamente necesario para ser salvo del pecado.

V F Sólo por obedecer a Jesús me salvará Él de mis pecados.

V F Sin este tipo de fe en Jesús (la fe que obedece) no seré salvo de mis pecados.

V F Sin salvación de mis pecados, no podré estar con Dios en el cielo.

V F Asimismo, sin este tipo de fe en Jesús no podré estar con Dios en el cielo.

V F La clase de fe que salva es completada o perfeccionada por obras.

V F Dios no requiere obras de mérito para recibir la salvación de pecados.

V F Dios no requiere obras de obediencia como condición para recibir el don de la vida eterna (perdón de pecados).

V F Algunas personas en la Biblia sí creyeron en Jesús, pero ellos no quisieron confesarlo (reconocerlo).

V F La fe sola (sin la obediencia), no importa qué tan decorosa, sincera, o sentida sea, no puede por sí sola salvar a nadie.

En la Biblia, solamente fueron salvas por fe aquellas personas quienes fueron dirigidas por fe a cumplir todos los siguientes pasos:

1. Confesar a Jesucristo (el cual significa reconocerlo delante de los demás)
2. Arrepentirse de sus pecados
3. Ser sepultado en agua (bautizado) para el perdón de pecados
4. Ser añadido por el Señor a su iglesia (es decir, al grupo de los creyentes)
5. Ser levantado de las aguas del bautismo para andar en vida nueva
6. Continuar firmes en la doctrina de los apóstoles, el compañerismo, el partimiento del pan, y la oración
7. Andar en la luz después del bautismo mientras que la sangre de Jesucristo continúa limpiándolos de pecados
8. Crecer a un adulto maduro espiritual después de haber nacido otra vez en el bautismo

Sí   No   ¿Quiere usted continuar con el estudio de la Biblia?

TERCERA PARTE

ESTUDIOS DE TEMAS ESPECIALES

ESTUDIO DE TEMAS ESPECIALES: El Espíritu Santo
[adaptado en parte desde "Fishers of Men"]

En Pos de la Verdad
Estudio #9: ¿Qué dice la Biblia acerca de las Escrituras, del Espíritu Santo, y de milagros?

Instrucciones:
Lea los versículos cuidadosamente y luego escriba o circule la respuesta correcta. Las preguntas de discusión se encuentran subrayadas.

La BIBLIA y el ESPIRITU SANTO
1. **Juan 17.17, 2ª Timoteo 3.16-17, 2ª Pedro 1.20-21**
   V   F   La palabra de Dios es verdad.
   V   F   La palabra de Dios fue inspirada por Dios (el Espíritu Santo) y fue escrita por los santos profetas de Dios.
   V   F   La palabra de Dios es completa.

2. **Gálatas 1.6-9**
   V   F   Un apóstol o un ángel de los cielos quien predicó un evangelio además del evangelio que los Gálatas habían recibido fue anatema.
   V   F   Cualquiera persona que hable un nuevo evangelio hoy día es anatema.

3. **Apocalipsis 22.18-19**
   V   F   Es prohibido añadir a o sustraer de la palabra revelada de Dios.

   ¿Tienen los seres humanos el derecho de cambiar la palabra de Dios? ¿Por qué sí o por qué no? _____
   _____

Puesto que la Biblia contiene toda la verdad y es completa, ¿cómo puede saberse ya sea que las enseñanzas de un predicador u otro líder religioso son verdaderas hoy? _____

_____

4. Juan 14.23-26

V F   Las palabras de Jesús son las palabras del Padre.
V F   Jesús prometió a los apóstoles que el Padre enviaría al Espíritu Santo.
V F   El Espíritu Santo tendría las mismas palabras que el Padre y el Hijo tenían.
V F   Por medio del Espíritu Santo, los apóstoles podrían recordar todo lo que Jesús les había dicho.
V F   Por lo tanto, las palabras del Padre son las mismas que las del Hijo, que son las mismas palabras dadas al Espíritu Santo, cuales son las mismas palabras dadas a los apóstoles.

5. Juan 16.13

V F   A los que estaban con Él, Jesús dijo que el Espíritu Santo les guiaría a TODA la verdad.
V F   Los apóstoles que estaban con Jesús cuando pronunciaba estas palabras serían guiados a TODA la verdad por el Espíritu Santo.

¿Cuánta verdad revelaría el Espíritu Santo a los apóstoles?

TODA   ALGUNA   NINGUNA

¿Cuánta NUEVA verdad revela el Espíritu Santo a los hombres hoy?

TODA   ALGUNA   NINGUNA

S N   Judas, no Iscariote, estaba con Jesús cuando Él dijo estas palabras. (Juan 14.22)
S N   Judas, no Iscariote, sería guiado a TODA la verdad por el Espíritu Santo.
S N   Felipe estaba con Jesús cuando Él dijo estas palabras. (Juan 14.8)
S N   Felipe sería guiado a TODA la verdad por el Espíritu Santo.
S N   Jesús dijo estas palabras después de comer la Pascua. (Juan 13.1-4)

S N   Los doce apóstoles estaban con Jesús durante la Cena de la Pascua. (Marcos 14.16-18)
S N   Judas Iscariote salió antes de que Jesús dijera que el Espíritu Santo les guiaría a toda la verdad. (Juan 13.21-30; 16.13)

6. Hechos 5.3-4, 9
V F   El Espíritu Santo es una persona (no un ser impersonal o una fuerza).
V F   Siendo una persona, el Espíritu Santo puede ser rechazado y probado. Se puede mentir al Espíritu Santo.
V F   El Espíritu Santo es divino.

7. Lea Juan 14.26, 15.26-27; 16.7-15
¿A quiénes prometió Jesús que Él enviaría al Espíritu Santo? _____

¿Que era la obra del Espíritu Santo como descrita por Jesús en estos capítulos (Juan 14-16)? _____

¿Qué haría el Espíritu Santo para los apóstoles? _____

¿Qué haría el Espíritu Santo para el mundo? _____

¿Qué hace el Espíritu Santo para los creyentes el día de hoy? _____

¿Cómo? _____

¿Cómo puede usted saber lo que hace el Espíritu Santo en su vida? _____

MILAGROS
8. Juan 5.36-39
V F   Las obras (los milagros) que Jesús hizo fueron un testimonio que Él fue enviado por Dios.
V F   Las Sagradas Escrituras (Antiguo Testamento) dieron testimonio a Jesús.
Según este texto, ¿CUALES OTROS TESTIGOS testifican acerca de la identidad de Jesús? _____
_____

9. Juan 10.24-25, 34-42

V F   Las obras (los milagros) que Jesús realizó demostraron que Él es el Cristo.

V F   En base a las lecturas de Juan 5 y Juan 10, después de que Jesús envió al Espíritu Santo, el Espíritu Santo era un testigo acerca de Jesús.

¿Qué prueba tendríamos que Jesús es Dios, y que la Biblia es inspirada por el Espíritu Santo, sin los milagros registrados en la Biblia? _____

S N   ¿Juan el Bautista realizó milagros?

¿Cómo puede saber usted que Jesús es el Hijo de Dios?
_____

10. Hechos 2.43; 15.12

S N   ¿Realizaron los apóstoles milagros?

11. Hebreos 2.1-4; Marcos 16.19-20

V F   Los milagros (señales) fueron un testimonio a las enseñanzas de los apóstoles.

¿Cuál era el propósito de los milagros en la Biblia?
_____
_____

12. 2ª Corintios 11.13-14, Mateo 7.21-23

V F   Algunos milagros son falsos (no auténticos) y algunos hacedores de milagros no son seguidores fieles de Jesús.

¿Como puede usted saber que un milagro es auténtico?
_____

13. Juan 20.26-31

V F   Los milagros fueron escritos, para que pudiéramos creer que Jesús es DIOS.

V F   Los apóstoles fueron guiados a TODA la verdad por el Espíritu Santo, y los milagros fueron pruebas de este hecho.

¿Cómo podemos saber hoy que Jesús es Dios y a la Biblia es inspirada por el Espíritu Santo? _____
_____

REPASO Y SUMARIO

V F La Biblia contiene toda la verdad, es verdadera y es completa.

V F Por lo tanto, no se debe añadir a o sustraer de la Biblia.

V F Jesús tenía las palabras del Padre las cuales eran también las palabras del Espíritu Santo las cuales fueron dadas a los apóstoles y escritas en la Biblia.

V F En el Nuevo Testamento, los milagros fueron un testigo a la veracidad de las enseñanzas (confirmación de las palabras de los apóstoles) antes de que fuera escrita la Biblia.

V F Algunos milagros son falsos.

V F Solo podemos saber lo que es verdad y lo que es falso por leer la Biblia.

S N ¿Quiere usted continuar el estudio de la Biblia?
¿Cuándo podremos reunirnos?

ESTUDIO DE TEMAS ESPECIALES: Cuando Venga Jesús
[adaptado en parte desde "Fishers of Men"]

En Pos de la Verdad
Estudio #10: ¿Qué sucederá cuando venga Jesús?

REPASO DE LAS PAUTAS DE COMO ESTUDIAR LA BIBLIA

Preguntas claves para reconocer cuando uno estudia la Biblia. En cada libro, cada párrafo de la Biblia...

- ¿Quién está hablando y a quién(-es) se dirige su palabra?
- ¿Qué situaciones en el contexto podrían afectar el significado de su palabra?
- ¿Debe uno entender el lenguaje en el sentido literal o en el sentido figurado?
- Una verdad parcial puede llevarlo a conclusiones equivocadas. El entendimiento <u>correcto</u> resulta solamente cuando uno toma en cuenta <u>todos</u> los versos que tratan con el tema.
- Los textos de la Biblia más difíciles deben ser entendidos en una manera que tenga armonía (estén de acuerdo) con los pasajes menos difíciles.
- El estudio de la Biblia debe hacerse con una mente abierta, no influenciada por opiniones o ideas que uno ya tenía de antemano.

S N   Quiero estudiar la Biblia usando estas pautas.

Instrucciones:
Lea los versículos cuidadosamente y luego escriba o circule la respuesta correcta. Las preguntas de discusión se encuentran <u>subrayadas</u>.

1. **Juan 14.1-6**
   V F   Jesús se fue a preparar un lugar, y vendrá otra vez a tomar sus seguidores.
   V F   Jesús está preparando un lugar en esta tierra.

V F   Jesús está preparando un hogar en la casa del su padre.
V F   Jesús vendrá a recibir sus discípulos.

2. Hechos 1.9-11
V F   Al ascender Jesús, dos varones prometieron a los apóstoles que Jesús vendría como lo habían visto irse al cielo.
S N   Creo que Jesús vendrá otra vez.

3. Juan 1.11, 14; Marcos 8.38-9.1; Apocalipsis 2.5, 16, 25; 3.3, 11, 20
V F   Juan 1.11, 14 se refiere a la venida de Jesús al mundo en su nacimiento.
V F   Marcos 8.38-9.1 se refiere a la venida de Jesús en su reino en el día de Pentecostés.
V F   Apocalipsis 2.5, 16 se refiere a la venida de Jesús en juicio sobre las Iglesias.
V F   Algunas "venidas" en el Nuevo Testamento no se refieren a la venida de Jesús en el fin del mundo.
V F   Cada referencia a la "venida" de Jesús se debe entender dentro del contexto de los versículos en los cuales ocurre la referencia.

¿Cómo puede usted saber a cuál "venida" se refiere cierto pasaje?

_____

S N   Es bueno entender lo que Dios dijo acerca de acontecimientos futuros.

<u>¿Cómo hace sentir usted al saber que puede entender lo que Dios dice acerca de estas cosas?</u>

<u>¿Dónde están los muertos?</u>
4. Hebreos 9.27-28
V F   Después de la muerte viene el juicio.

5. Lucas 16.19-31; 23.39-43
V F   El mendigo Lázaro se fue al seno de Abraham cuando murió.
V F   El hombre rico murió, fue sepultado, y se fue a Hades ("lugar no visto") donde experimentó tormentos.

V   F   Uno de los malhechores se fue a paraíso cuando murió.

¿Qué sucederá en la resurrección final?
6. 1ª Corintios 15.50-52
V   F   La resurrección de los santos sucederá instantáneamente cuando se toque la trompeta final.
V   F   Se tocará la trompeta y los muertos serán resucitados.

¿Cuántos de los muertos serán resucitados?
_____

7. Hechos 23.6; 24.15
V   F   Pablo habló de una sola resurrección de los muertos, tanto de justos como de injustos, no de dos resurrecciones separadas por un periodo de 1000 años.

8. Juan 5.28-29
V   F   Habrá una sola resurrección en una sola hora cuando todos los que están en los sepulcros oirán su voz, ambos los buenos y los malos.
V   F   En la resurrección, todos serán resucitados.
V   F   En la resurrección, algunos saldrán a la condenación.
V   F   En la resurrección, algunos saldrán a la vida eterna.

¿Quiénes tendrán la vida eterna en la resurrección? _____
_____
S   N   Quiero tener la vida eterna.

¿Qué sucederá cuando venga Jesús otra vez?
9. Mateo 24.36, 44; Apocalipsis 1.7
V   F   Nadie sabe la hora de la venida de Jesús.
V   F   La venida de Jesús será gloriosa y visible.
V   F   Cuando venga Jesús, todo ojo lo verá.

10. 1ª Tesalonicenses 4.16-17; 5.2
V   F   La venida de Jesús será inesperada.

V   F   Ambos los vivos y los muertos serán recibidos al Señor.
V   F   La iglesia primitiva anticipó la venida de Jesús.
S   N   Es posible anticipar la venida de Jesús hoy.

11. 2ª Pedro 3.10-13
V   F   Cuando venga Jesús, el universo físico (los elementos) será destruido.
V   F   Jesús no reinará en esta tierra, porque ya no existirá.
V   F   Los no creyentes no podrán seguir a vivir en esta tierra, porque ya no existirá.

12. Mateo 25.31-46; Romanos 2.5-11; 14.10-12; 2ª Corintios 5.10
V   F   En el juicio, ambos los justos y los injustos serán juzgados.
V   F   Ambos los justos y los injustos comparecerán ante el tribunal juntos.

<u>¿Cómo siente usted acerca del juicio final e irreversible de Dios?</u>

13. 2ª Tesalonicenses 1.7-8
V   F   El juicio (la tribulación) ocurre en la venida (manifestación) de Jesús.
V   F   En la manifestación de Jesús, venganza (tribulación) será dada a los que no conocen a Dios.
V   F   En la manifestación de Jesús, venganza (tribulación) será dada a los que no obedecen al evangelio.
S   N   Quiero conocer a Dios.
S   N   Quiero obedecer al evangelio.

REPASO Y SUMARIO
V   F   Jesús viene otra vez.
V   F   Jesús vendrá de repente, inesperada y visiblemente.
V   F   La resurrección sucederá cuando venga Jesús.
V   F   El juicio sucede después de la una persona haya muerto.

V   F   La Biblia describe las circunstancias de varias personas después de la muerte como "en paraíso," "en el seno de Abraham," y "en los tormentos."

V   F   El juicio sucederá en la venida de Jesús.

V   F   Cuando venga Jesús, el universo será destruido y el mundo físico terminará (no existirá).

S   N   ¿Quiere usted continuar el estudio de la Biblia? ¿Cuándo podremos reunirnos?

Para programar un seminario del evangelismo, haga contacto con el autor.

Bob Young
10704 S 89th E Ave
Tulsa, OK 74133 USA

Sitio de web: www.bobyoungresources.com

Correo electrónico: bro.bobyoung@yahoo.com

www.ingramcontent.com/pod-product-compliance
Lightning Source LLC
Chambersburg PA
CBHW071303040426
42444CB00009B/1856